Georges Bernage

Jean-Charles Stasi

Les Marches de Bretagne

Fougères · Dinan · Vitré

HEIMDAL

Sommaire

Patrimoine disparu et patrimoine conservé. La Porte d'Embas, à Vitré, lithographie [à gauche] avant sa destruction partielle vers 1850 et actuellement [à droite], partiellement conservée et restaurée. (photo Georges Bernage.)

Ouvrage conçu par Georges Bernage

Écrit par Georges Bernage et Jean-Charles Stasi avec la participation de Simon Guinebaud

Cartes et photographies (sauf mention contraire) : Georges Bernage, Érik Groult & Jean-Charles Stasi

Réalisation graphique et prépresse: Christelle Lebret et Harald Mourreau

EDITIONS HEIMDAL
Damigny BP 61350 14406 Bayeux Cedex
Tél. : 02 31 51 68 68 / Fax : 02 31 51 68 60
editions.heimdal@wanadoo.fr
www.editions-heimdal.fr

ISBN : 978-2-84048-521-6

Cités médiévales des Marches de Bretagne

par Georges Bernage

Comme le rappelle Jean-Charles Stasi dans l'historique du château de Fougères, *«avec l'émergence de la société féodale débute* [en Bretagne] *la construction de places fortes dans cette zone tampon allant de la Baie du Mont-Saint-Michel jusqu'à l'estuaire de la Loire. À partir de l'an Mil, une vingtaine de forteresses vont ainsi sortir de terre entre le Mont-Saint-Michel* [1] *et Guérande. D'abord en bois puis en pierre, elles constituent autant de témoignages de l'histoire mouvementée du duché de Bretagne, de sa naissance jusqu'à son rattachement à la couronne de France, au début du* XVI*e siècle. Elles ont pour nom Mâchecoul, Clisson, Oudon, Ancenis, Champtoceaux, Champtocé, Pouancé, Châteaubriant, Vitré, Combourg, Montmuran, Châteaugiron, Landal ou encore Fougères.»* [2]

Au sud de cette marche de Bretagne [*cf.* carte], **Guérande** est encore une magnifique cité fortifiée avec un rempart quasiment intact, **Clisson** présente un imposant château ruiné présentant des éléments allant, du XIIe au XVe siècles, **Oudon**, fondé au XIIe siècle, conserve une partie des vestiges de son château dont une très belle tour maî-

[1] Qui se situe bien en Normandie, abbaye et forteresse édifiées sous l'autorité des ducs de Normandie, il n'est pas inutile de la préciser.
[2] *Cf.* p.37.

Le courant romantique réhabilita, fit connaître et contribua vivement à valoriser le patrimoine architectural médiéval. À partir de 1820, des estampes furent publiées pour le faire connaître. Celle-ci, datée de 1890, réalisée par **Albert Robida** et présentant le front oriental du château de Vitré, y contribua. (collection Heimdal.)

Les frontières de la Bretagne, des origines au XVe siècle.
(carte ville de Fougères.)

tresse octogonale bâtie (après 1392) par **Alain de Malestroit**, dont l'architecture de schiste est rehaussée de pierres blanches. À **Châteaubriant**, se dressent les restes d'une enceinte flanquée du XVe siècle et un château, du XIIe siècle. À **Machecoul** subsistent les restes d'un château polygonal dont le logis-porte, constitué de deux tours du XIIIe siècle reliées au XIVe siècle par un massif rectangulaire saillant (comme à Vitré et Montmuran). À **Ancenis**, la porte du château est encore flanquée par deux grosses tours à canon couronnées de mâchicoulis bretons. En remontant dans le secteur décrit dans cet ouvrage, outre Fougères et Vitré, le château de **Montmuran** présente encore un châtelet logis qui serait le modèle de celui de Vitré [*cf.* pp.12-13], et naturellement le château de **Combourg** (XIIIe-XVe siècles), situé à l'est de Dinan et qui est une étape obligée du circuit proposé, sans oublier le spectaculaire château de la **Roche-Goyon** plus connu sous le nom de Fort-la-Latte. Notons aussi, en Ile-et-Vilaine, d'autres sites évoqués ci-dessus, comme **Châteaugiron**, présentant une grande enceinte rectangulaire flanquée de tours circulaires à mâchicoulis et archères, avec tour maîtresse isolée, mais aussi chapelle et grande salle édifiées dans le dernier quart du XIVe siècle – « *bel exemple d'influence philipienne tardive* », d'après **Jean Mesqui**.[3]

Et, parmi toutes ces villes fortes et châteaux des marches de Bretagne, se détachent trois cités d'exception. Toutes les trois ont conservé leur château, une partie de leur enceinte urbaine et une partie de leurs maisons du moyen âge et du XVIe siècle. Et pourtant, à l'époque classique, ce patrimoine urbain du Moyen Âge et du début de la Renaissance a été décrié, qualifié même de *gothique*, selon l'esprit de cette époque, pour le dévaloriser, ce terme était alors – à la fin du XVIIIe siècle – équivalent de *barbare*. Bien plus, les maisons anciennes de Fougères sont ravagées par des incendies dans le courant du XVIIIe siècle, remplacées, en partie, par les beaux édifices de la rue Bourg Neuf, actuelle rue Nationale. Aujourd'hui ne subsiste dans cette rue qu'une seule maison à porche [*cf.* p.54]. Quand les incendies ne ravagent pas ces cités, le temps fait son œuvre. C'est ainsi qu'à Vitré la Tour Saint-Léonard, qui domi-

[3] J. Mesqui, *Châteaux forts et fortifications en France*, Flammarion, 1997, p.432.

Cartes des villes et châteaux des marches de Bretagne, évoqués ici, présentant des sites intéressants pour la visite. (carte Erik Groult/Harald, Heimdal.)

À Vitré, cette maison de la Botte Dorée, datée de 1513, a été superbement restaurée. (photo Georges Bernage.)

ne fièrement le château, avec sa haute toiture encore visible sur un dessin [*cf.* p.6], au début du XIXe siècle, s'effondre en 1835, la Tour de l'Horloge s'étant écroulée dix ans plus tôt. Les romantiques redécouvrent l'architecture médiévale, des albums d'estampes font connaître les richesses de cette architecture à des érudits qui vont eux aussi s'y intéresser. Sous l'égide de **Prosper Mérimée** mais aussi d'**Arcisse de Caumont** et de **Viollet-le-Duc**, on passe de l'enthousiasme intellectuel à la rénovation de ce patrimoine. Des projets de destruction, sous prétexte de salubrité, sont interrompus. La Porte de Brest disparaît cependant à Dinan en 1881, mais aussi des maisons à porches de la rue de la Poterie à Vitré. Cependant, des restaurations sont entreprises, les plus spectaculaires au château de Vitré à partir de 1871, elles sont salutaires. Depuis, les municipalités contribuent de valoriser ce patrimoine, mur d'enceinte effondré et remonté à Dinan, travaux sur les enceintes et les maisons à Vitré.

Grâce à cette prise de conscience effectuée depuis deux siècles et à tous les efforts réalisés depuis, trois cités médiévales d'exception s'offrent à notre découverte et à notre plaisir au nord des marches de Bretagne. **Fougères** nous propose l'une des plus grandes forteresses d'Europe avec une architecture présentant des évolutions du XIIe au XVe siècle, avec de puissantes tours d'artillerie pour cette dernière époque. Les remparts de **Dinan** présentent une évolution tout aussi intéressante, du XIIIe au XVe siècle avec, là aussi, de puissantes tours d'artillerie, mais ici sur l'enceinte mais non pas sur le château, celui-ci très original avec ses deux tours rondes réunies en un rare logis-tour maîtresse. À **Vitré**, le rempart urbain n'est qu'en partie conservé mais le château est emblématique d'un Moyen Âge intemporel. Fougères nous présente un cadre grandiose, Dinan et Vitré sont deux cités que vous aimerez arpenter au milieu de rues bordées de maisons en encorbellement, avec encore de nombreuses maisons à porches miraculeusement sauvegardées.

Ces trois Cités et les châteaux que vous trouverez sur votre chemin vous procureront beaucoup de plaisir, d'évasion et de rêve, vous y retrouverez l'âme du Moyen Âge.

Georges Bernage
Historien et éditeur

Le château de Vitré au bout de son éperon de schiste tel qu'il apparaissait à l'illustrateur **A. Robida** vers 1890. Les restaurations n'étaient pas encore terminées. (Coll. auteur.)

La place forte de Vitré

par Georges Bernage

...et encore moins sur ce dessin. (Coll. Musées de Vitré.)

Vitré mérite le détour. La silhouette de son château est particulièrement pittoresque, les remparts urbains sont en partie conservés et les ruelles bordées de maisons à pans de bois ont bien gardé l'âme des villes médiévales.

Vers l'an mille, Vitré est une baronnie. Le **duc Geoffroy**, comte de Rennes, y inféode un de ses fidèles, **Riwallon** le Vicaire. Le château de bois primitif est implanté au sud de l'actuel château, à l'emplacement de l'actuelle église Sainte-Croix. En effet, vers 1050-1060, **Robert Ier de Vitré** fait don aux moines de Marmoutier de Tours de l'emplacement de ce pre-

[1] Cité par A. de la Borderie, in *Recueil d'actes inédits des ducs de Bretagne*, n°207.

Le même front occidental du château aujourd'hui.

La partie plus ancienne du logis du château : une porte romane flanquée d'arcatures, avec alternance de couleurs de pierres.
(photos Georges Bernage.)

mier château, ils y implanteront le prieuré Sainte-Croix. Le baron de Vitré avait mis en évidence un emplacement plus favorable pour son château : il sera implanté sur l'extrémité d'un promontoire de schiste entre la vallée de la Vilaine au nord et une zone qui était alors marécageuse au sud. Cette position stratégique contrôle la route venant de Laval et menant à Rennes.

On ne sait rien de ce premier château de bois. Dans les années 1160, les barons sont révoltés contre le roi **Henri II Plantagenêt**. Puis, vers 1230, le roi **Louis IX** (saint Louis) s'assure de l'alliance du baron de Vitré pour combattre les menées de **Pierre Mauclerc**, duc de Bretagne, son parent. En 1239, **Philippa**, héritière du baron **André III de Vitré**, épouse **Guy VII** sire de Laval, fils de **Mathieu de Montmorency**. Guy VII sera sire de Vitré en 1251. C'est à cette époque qu'est construit, par **André III**, père de Philippa, un château de pierre suivant une vaste enceinte triangulaire établie à l'extrémité de l'éperon.

Dès 1209, la collégiale de la Madeleine avait été édifiée sur le côté nord du baile (la « basse-cour », actuelle place du château). Cet édifice religieux formait un ensemble important constitué d'une nef unique qui sera ultérieurement prolongée par un chœur plus étroit. Elle sera malheureusement détruite vers 1860 et remplacée par une école, bâtiment sans caractère qu'on voit actuellement sur la face nord de la place du château.

En 1222, **André de Vitré** avait fait un don à l'hôpital Saint-Nicolas, en compensation des travaux en cours « *propter fossata mea facienda* ». Un *castrunculus* (châtelet) est aussi cité dans ce texte. En 1234, une charte de **Pierre de Dreux**[1] limi-

Accroissement territorial, par mariages successifs, des seigneuries de la famille de Montmorency-Laval. (réalisation Heimdal d'après Arthur Le Moyne de La Borderie, *Histoire de la Bretagne.*)

Sceau de Robert III d'après le Cartulaire de Laval-Vitré. (coll.privée.)

Élément du tombeau de Guy X (autrefois dans la collégiale de la Madeleine), armes des Montmorency-Laval, barons de Vitré avec importants restes de polychromie ("or et azur"), on admirera le cimier. (Coll. Musées de Vitré, photo Georges Bernage.)

te à un an des travaux de fortification. Mais, en 1237, et en 1239, ont lieu de nouvelles compensations en faveur des moines de Sainte-Croix, *pro muris, fossatis et aliis meis aedificandis*[2] puis, en juillet 1239, en faveur de **Radulphe de Cornillé**, dont des terrains et maisons ont été remplacés *per muros et fossata Vitrei et edificia nostra*[3]. Tous ces textes prouvent qu'**André III de Vitré** a reconstruit son château entre 1222 et 1239 environ mais, surtout, qu'il fit édifier une enceinte autour de la cité. Le schiste bleu est taillé directement sur place pour élever murailles et tours. Au nord, l'enceinte urbaine domine la vallée de la Vilaine et la vallée marécageuse au sud, elle est renforcée par une quinzaine de tours.

Ainsi, en 1251, lorsque **Guy VII** prend en mains les destinées de la baronnie de Vitré après le décès de son beau-père, il dispose d'un puissant château constituant le réduit ultime d'une cité fortifiée.

Que savons-nous de ce château ? Les remaniements opérés à partir de la fin du XIVe siècle en ont beaucoup modifié l'aspect. Du côté de la cité, deux tours remontent à cette époque. Il s'agit de la tour de droite (celle du nord) du châtelet d'entrée et de la tour décapitée entre le châtelet et la tour Saint-Laurent. La courtine partant vers le nord de l'actuel châtelet est de cette époque côté cour mais a été doublée du côté extérieur. Face à l'ouest, la courtine (muraille) est en grande partie de cette époque ainsi que deux tours, celle de l'Oratoire (restaurée et passée au plan carré en 1738) et celle de l'Argenterie, mais cette dernière aurait été « rechapée » au XVe siècle. Enfin, sur la face nord, une tour est reconstruite au début du XXe siècle, sur un emplacement différent. En ce qui concerne les constructions existantes alors à l'intérieur de l'enceinte, il ne reste de cette époque qu'une façade romane percée d'un porche à trois archivoltes formées de claveaux beige pâle (granite) et bleu foncé (schiste ardoisier) alternés et flanqué de deux arcatures (niches) similaires. Cette façade pourrait être celle de la chapelle romane originelle, il s'agit du plus ancien vestige du château. Cette grande enceinte triangulaire d'une centaine de mètres de côté (110 m, 90 m et 85 m) flanquée de tours rondes a été bâtie sur le modèle des châteaux de type « philippien » dont le principe a été conçu par les architectes du roi **Philippe-Auguste**.

La famille de Laval-Montmorency continuera de présider aux destinées de la baronnie de Vitré. **Guy VIII** fait le voyage en Terre Sainte avec saint Louis à l'occasion de la 7e croisade et meurt le 22 août 1295. Mais la seconde moitié du XIVe siècle va mettre cette forteresse des marches bretonnes dans les enjeux de la Guerre de Succession de Bretagne[4].

En 1341, comme précisé dans l'introduction historique, **Jean III**, duc de Bretagne décède sans héritier direct. Il avait deux frères : **Guy de Penthièvre** dont la fille, **Jeanne**, avait épousé en 1330 Charles de Blois, neveu par alliance du roi de France. **Jean de Montfort**, demi-frère cadet du duc. **Charles de Blois** est reconnu comme héritier légal le 30 septembre 1341, avec l'assentiment du roi de France. Jean de Montfort fait aussi valoir ses droits, ce qui va entraîner vingt-trois années de guerre fratricide.

Guy X, baron de Laval et de Vitré, mais aussi vassal de **Louis d'Anjou**, comte du Maine, pour Laval, va suivre son nouveau suzerain, pour Vitré, Charles de Blois. Ils sont soutenus par le roi de France, alors que Jean de Montfort recherchera l'alliance anglaise. Guy X est tué en 1347, avec de nombreux nobles bretons, à la bataille de La Roche-Derrien. Son fils, **Guy XI**, meurt l'année suivante.

Guy XII lui succède alors : il va jouer un rôle décisif à Vitré, de 1347 à 1412. Sa position s'était renforcée par son mariage avec **Louise de Châteaubriant** en 1348, sa seigneurie jouxtait au sud la baronnie de Vitré [voir carte]. Charles de Blois

[2] Dom Morice, *Preuves*... I, 905.

[3] A. de la Borderie, *Recueil de documents relatifs aux monuments de l'architecture militaire du Moyen Age en Bretagne, III*. On trouve aussi ce texte dans la réédition de 1991 *L'Architecture militaire du Moyen Age en Bretagne*, p.75.

[4] Voir à ce sujet les articles sur Richemont et sur le Pourpoint de Charles de Blois dans MOYEN AGE MAGAZINE n°4.

État du château vers 1738 d'après les relevés de **Dehuz**, ingénieur du roi. [A] Château [B] Baile ou basse-cour [C] Collégiale de la Madeleine (détruite en 1859) [1] Châtelet [2] Tour décapitée (XIIIe) [3] Tour Saint-Laurent (vers 1400) [4] Tour de latrines (XVe) [5] Tour de l'Argenterie [6] Tour carrée [7] Tour de l'Oratoire (reconstruite au XVIIIe siècle) [8] Tour de Montafilant [9] Tour rectangulaire [10] Tour (XIIIe-XXe s.) [11] Tour Neuve ou de la Madeleine (avant 1420) [12] Cuisine [13] Boulangerie [14] Tour de l'Horloge [15] Cellier et grande salle au-dessus [16/17] Logis [18/19] Galeries [20] Grand degré [21] Puits. (Plan Heimdal.)

Projet de restauration du château de Vitré, par **Denis Darcy**, architecte, 1865. La reconstruction de la collégiale de la Madeleine faisait partie de ce projet. (Coll. Musées de Vitré.)

Relevé de l'architecte **Denis Darcy**, montrant l'état de ce front oriental vers 1865, avant les restaurations. (Coll. Musées de Vitré.)

est tué à la bataille d'Auray le 29 septembre 1364. Le nouveau duc de Bretagne est **Jean IV de Montfort**. Mais, malgré les fidélités de sa famille à la monarchie française, Guy XII refuse en 1379 de remettre au roi les places de Vitré et de Châteaubriant. Il devient alors un familier du duc **Jean IV**. Ce dernier, devant la menace française, renforce les fortifications de son duché. En face de Saint-Malo, « indocile », il fait construire la tour Solidor (1360-1382). En 1380, il lancera les tra-

Dessin à la sanguine de **J.-B. Gautier**, daté de 1772, montrant le front oriental du château encore presqu'intact. Il est intéressant pour les parties hautes de la Tour Saint-Laurent et de la Tour de l'Horloge. On remarque à droite le pont couvert qui rejoint la collégiale de la Madeleine. (Coll. Musées de Vitré.)

Vue panoramique du front oriental du château avec, son châtelet, au centre, le châtelet d'entrée, la puissante Tour Saint-Laurent [à gauche] et la Tour Neuve ou Tour de la Madeleine [à droite]. (Photo Laura Prince, Ville de Vitré.)

vaux de la superbe tour maîtresse de Dinan [cf. chapitre Dinan], de 34 m de haut. Il demande à ses fidèles de suivre son exemple. À Oudon, **Alain de Malestroit** édifie une belle tour de près de 30 m de haut (vers 1395-1400). À Largoët-en-Elven, **Jean de Malestroit** (frère du précédent) fait construire l'énorme donjon de 57 m de haut (au-dessus des fossés) avant 1394. Les Rieux construisent le donjon du Grand-Fougeray. Dans cette fièvre de construction due aux nécessités du temps, face aux menaces surgissant aux marches du duché, les Laval-Montmorency ne seront pas en reste, d'autant plus que Guy XII a renforcé sa position. Cette rénovation complète du château de Vitré se comprend mieux dans ce contexte, elle sera facilitée par les exemples procurés par d'autres constructions récentes.

À la suite de la mort accidentelle de son fils, Guy XII marie sa fille, Anne, à Jean de Montfort-Lohéac en 1404. Ce dernier s'engage à relever le nom des Laval-Montmorency (il prendra le nom de **Guy XIII** en 1412). Les terres bretonnes de la famille ont gagné de l'importance : Tinténiac et Bécherel en 1384 et, maintenant, avec Jean de Montfort-Lohéac, Montfort-sur-Meu et le Brécilien, Gaël, Lohéac et La Roche-Bernard à l'embouchure de la Vilaine [voir la carte]. Cela renforce cette famille maintenant puissante, l'une des plus puissantes de Haute-Bretagne et renforce aussi ses moyens financiers pour les travaux de

Projet de restauration du front oriental établi vers 1865 par **Denis Darcy** ; il n'a été qu'en partie réalisé. (Coll. Musées de Vitré.)

La Tour Saint-Laurent restaurée, la Tour de l'Horloge en partie arasée et une partie du châtelet. (photo Georges Bernage.)

remaniements du château. Un parchemin daté du 14 décembre 1405 et signé par Guy XII évoque ces travaux : *« Nous Guy, sire de Laval et de Vitré, cognoessons avoir eu et receu de Jehan du Maz, nostre recepteur de Vitré, par deux foiz, à notre main la somme de quarante-deux escuz…*[5] *Et oultre cognoessons que, de nostre commandement, ledit du Maz a baillé et livré à dom André Mingat, nostre chappellain, sur les deniers de sa recepte, la somme de saixante livres, pour ycelle metre et emploier en la mise de l'œuvre que faisons du present faire en nostre chastel de Vitré* […] [6] »

Guy XII décède en 1412. **Guy XIII** lui succède mais celui-ci meurt à Rhodes deux ans plus tard.

[5] D'après une note écrite au pied de cet acte, l'écu dont il est ici question valait 22 sols et 6 deniers.

[6] Cité par La Borderie, *L'Architecture…*, p.95-96.

[7] René Blanchard, *Lettres, cartes et mandements de Jean V, Duc de Bretagne*, n°1819.

Un pont dormant puis un pont-levis enjambent le profond fossé, accédant à l'entrée du château placée sous le puissant châtelet. (photo Laura Prince, Ville de Vitré.)

Les « Dames de Laval » seront alors à la tête des do-maines qu'il laisse à son décès : la veuve de Guy XII, **Jeanne de Laval-Châtillon** (elle ne mourra qu'en 1433), appelée *Madame l'Aînée*, et **Anne de Laval**, sa fille, veuve de Guy XIII. Le fils de cette dernière, le futur Guy XIV, n'a encore que six ans (il est né en 1408). Un an plus tard, les Français sont battus à Azincourt ; les Anglais reviennent en force. En 1417, ils entrent dans le Maine et, si Laval résiste, ils arrivent jusqu'à La Gravelle, à quelques lieues de Vitré. Les « Dames de Laval » se sont réfugiées dans Vitré où elles renforcent encore le château. Talbot s'empare de Laval en 1428, de Montjean et de La Gravelle près de Vitré. Le duc **Jean V de Bretagne** va alors envoyer son chancelier *« devers les Anglois pour la conservation de Vitré »*[7]. En octobre, de cette même année, il donne son accord afin de lever des impôts pour les fortifications *« considérant que ceste ville estoit et est à l'entrée de nostre pais et duché et l'une des plus prochaines de la guerre présente ».*

Ainsi, à la mort de Jeanne de Laval, en 1433, le château a à peu près sa silhouette actuelle, fruit des travaux menés par Guy XII et par les « Dames de Laval ». Ces travaux ont surtout consisté en la construction de tours puissantes aux trois angles du *Chastel*. Jeanne de Laval-Châtillon, vers 1420-30, aurait fait édifier la plus puissante d'entre elles, la **Tour Saint-Laurent**, à l'angle sud du château. Cette tour pourrait avoir eu pour modèle celle de Montfort-sur-Meu (datée de 1389) : *« même tourelle d'escalier accolée, même tourelle carrée, même étage en retrait au couronnement »*, d'après **André Mussat**. Cette tour est bâtie sur les bases d'une tour construite au XIIIe siècle. Elle est faite pour dominer de toute sa hauteur l'une des portes de la Cité, **la Porte d'Embas**. La tourelle carrée a cette mission particulière. Au niveau inférieur, un escalier en vis mène à trois chambres à canons contrôlant le fossé menant à la Porte d'Enbas et le fossé séparant le château du baile côté ville. Une herse est manœuvrée depuis l'un des couloirs d'accès. De là, un grand degré mène à une poterne contrôlée par une seconde chambre à canon dont l'accès est bloqué par la herse. Les trois chambres disposent chacune d'une canonnière simple de vingt centimètres de diamètre. Tout ce système défensif est établi dans une construction en mœllons, base d'une tour du XIIIe siècle. Au-dessus, la tour, ronde à l'extérieur, est polygonale à l'intérieur. Chaque niveau est éclairé par une vaste fenêtre à meneaux du côté de la cour et par une ouverture à meneaux aussi vers l'extérieur (autrefois munie d'une grille) vers l'extérieur. Chacune des pièces

Le châtelet a été construit sous les directives de **Guy XII**, entre 1400 et 1415. Il reprend un schéma très utilisé en Bretagne à cette époque, celui du logis-porte. On peut le comparer [ci-contre en vignette] à celui du **château de Montmuran**.

Façade sur cour du châtelet avec la masse de son logis. (photo Georges Bernage.)

Coupe du châtelet et plans des étages, vers 1865, **Denis Darcy** architecte, en partie réalisé. (Coll.Musées de Vitré.)

des trois niveaux dispose d'une cheminée à manteau renforcé par un arc brisé. Cette tour disposait d'un quatrième niveau entouré d'un chemin de ronde disposant d'une couronne de mâchicoulis et d'un étage en retrait. Comme le montre un dessin d'**Alfred Le Gonidec**, daté de 1835, cette tour est encore à peu près intacte au début du XIXe siècle. Mais, par manque d'entretien, toitures et planchers s'effondrèrent et, sur les dessins (élévation et coupe) de **Darcy** en 1869, la tour est ruinée. Elle a été restaurée à la fin du XIXe siècle, restauration contestée car, si l'aspect général est tout à fait conforme à ce que montrent les dessins anciens, le matériau utilisé – le granit gris – est malencontreux, des corbeaux restés en place étaient en schiste bleu. Ces réserves faites, il ne faut pas regretter cette « restauration » qui donne à l'ensemble une silhouette complète. Par ailleurs, cette résidence, qui fut le logis du gouverneur, abrite actuellement un intéressant musée rassemblant une collection du Moyen Âge au XIXe siècle.

Le **châtelet d'entrée** a aussi été construit sous les directives de Guy XII. Alors que la Tour Saint-Laurent a dû être construite dans les années vers 1390, d'après la dendrochronologie, peu après le mariage de sa fille avec Jean de Montfort-Lohéac, et était terminée en 1415, le châtelet aurait été édifié vers 1400. Il reprend un schéma très utilisé en Bretagne à cette époque, celui du logis-porte. On peut le comparer aux châtelets de Châteaubriant et de Montmuran (près de Tinténiac). D'après A. Mussat, *« même type de tours, même grand arc bandé d'une tour à l'autre au-dessus de l'entrée, même fruit donné aux bases des tours, à Montmuran existe la même différence d'appareil entre les deux tours qu'à Vitré »*. Il ne faut pas oublier que Guy XII avait épousé Louise de Châteaubriant en 1348 puis, après le décès de celle-ci en 1384, sa cousine Jeanne de Laval-Châtillon qui était veuve de **Bertrand du Guesclin** et propriétaire du château de Montmuran. Ces sources d'inspiration trouvent ici leur explication. Les deux tours rondes sont couronnées par des mâchicoulis de grès très clair formant un triple ressaut réuni par un arc brisé décoré d'un motif tréflé. Un chemin de ronde relie les deux tours au-dessus de la porte précédée de ses deux ponts-levis et d'une herse. Derrière cette belle façade et au-dessus du porche d'entrée, se dresse un logis visible de la cour intérieure qui est percé de larges fenêtres à meneaux. Au sud, une tourelle d'escalier en vis dessert trois niveaux au-dessus du rez-de-chaussée, et un étage sous comble. À chaque étage, un petit vestibule voûté d'ogives et éclairé par une petite fenêtre donne accès par deux portes à deux pièces de dimensions inégales munies chacune d'une cheminée et éclairées par les grandes fenêtres à meneaux donnant sur la cour. Ce châtelet se prolonge du côté sud par une tourelle elle-même reliée à la tour sud par un épaississement de la courtine. Enfin, Guy XII a fait élever dans la collégiale de la Madeleine un tombeau à son grand-père tué à la bataille de La Roche-Derrien, témoignant ainsi son attachement à Vitré. Ils sont actuellement placés en réserve.

Vue sur la cour du château depuis l'hôtel de ville montrant l'imposant châtelet dont la façade est bien, de ce côté celle d'un logis. Noter les corbeaux [à gauche de] la tour d'escalier, qui supportaient un chemin de ronde. [Au centre]: on reconnaît la Tour Saint-Laurent puis, [à droite], le front occidental, avec la tour semi-circulaire de l'Argenterie, qui date du XIIIe siècle. (Arnaud Serrand, Ville de Vitré.)

L'une des fenêtres avec son embrasure à canon, sur le front occidental et aussi [ci-dessous] une latrine dans la tourelle carrée... dont certains touristes semblent avoir conservé l'usage. (photos Georges Bernage.)

Plus tard, les « Dames de Laval » poursuivent ces travaux. Elles font édifier à l'angle nord-est de l'enceinte la **Tour Neuve** ; elle porte actuellement le nom de **Tour de la Madeleine** en raison de sa proximité avec la collégiale détruite vers 1860. Elle aurait été entreprise peu après la menace anglaise de 1417. On connaît la date où fut terminée cette tour grâce à un cahier de comptes tenu par **Guillaume Perraut** *« pour parachever la tour Neuffe devers l'iglise de la Madeleine »*[8]. Les travaux sont effectués sous les ordres de *Madame l'Ainznée* (Jeanne de Laval-Châtillon) et les comptes sont tenus du 8 janvier au 16 décembre 1420. La pierre vient de la carrière de la Goupillère sauf pour les parties de couvertures en « pierre de grain » (granite). Les maçons cessent leur travail le 16 novembre et sont relayés par les charpentiers à partir de cette date. Le fer vient d'Espagne et le bois de la forêt du Perche. Cette tour de mœllons de schiste, bâtie sur un éperon de schis-

[8] Cahier de vingt-trois feuillets conservé à la Bibliothèque de Vitré et publié par La Borderie, *L'Architecture militaire...*, pp.99-108.

La Tour de l'Argenterie date du XIIIe siècle sur le front occidental. (photo Georges Bernage.)

La Tour Saint-Laurent vue de la cour intérieure d'après A. Robida... et actuellement. Elle était ruinée et a été restaurée à la fin du XIXe siècle, les parties hautes ont été restituées à l'identique mais avec un matériau non conforme : le granit gris. (photo Georges Bernage.)

Le volume de la Tour Saint-Laurent permet d'abriter de vastes pièces polygonales à chaque étage, éclairées, côté cour, par une vaste fenêtre à meneaux et par une ouverture (autrefois munie d'une grille), côté extérieur. Chacune des pièces des trois niveaux dispose d'une cheminée à manteau renforcé par un arc brisé : l'ameublement de cette salle évoque celui des appartements du baron et de ses officiers au XVIIe siècle d'après l'inventaire mobilier du XVII siècle. (photo Georges Bernage.)

Un escalier en vis dessert les différents niveaux et mène au chemin de ronde [ci-contre] restauré à la fin du XIXe siècle, puis à la chambre d'observation. Cette tour, outre la tourelle d'escalier, est flanquée d'une tourelle carrée où sont installées des « chambres de retrait », disposant de cheminées [ci-dessous] et de fenêtres munies d'embrasures à canon [ci-dessous à droite] de vingt centimètres de diamètre. (photos Georges Bernage.)

Coupe effectuée au XVIIIe siècle, suivant un axe est-ouest montrant la façade du logis à cette époque, avec les arcades qui ont servi de modèle à la galerie basse de l'hôtel de ville reconstitué à l'identique en 1904. D'après **André Mussat**, la galerie d'origine est de type "blésois" et pourrait être datée du XVe siècle. On aperçoit [à droite] la façade de la collégiale Madeleine, dessin attribué à l'ingénieur royal **Dehuz**, avant 1738. (Coll. Musées de Vitré.)

Blason de François de Laval, évêque de Dol, fils naturel du baron **Guy XVI de Vitré** et d'**Anne d'Espinay** ; il serait né avant 1501. Ce blason gravé et peint se trouve sur le manteau de la cheminée d'une chambre située dans la Tour de l'Argenterie. (photo Georges Bernage.)

te, abrite deux salles fort simples. Elle ne dispose pas en propre d'escalier en vis. Une porte en chicane donnant vers l'extérieur était reliée à une galerie de bois enjambant le fossé et rejoignant le cloître de la collégiale de la Madeleine. Cette disposition est bien visible sur les documents du XVIIIe siècle. À l'angle nord-ouest, la **Tour de Montafilant,** appelée aussi **Tour plombée** à cause de son ancienne couverture, daterait du XIIIe siècle. Elle est construite en mœllons avec une base talutée. C'est la moins importante des tours d'angle, elle est au bout de l'éperon et domine les restes de la petite chapelle Saint-Julien. Les parties hautes, au-dessus des mâchicoulis, ont été reconstituées à la fin du XIXe siècle.

La cour avec l'actuel Hôtel de Ville [à gauche] et l'escalier, terminés en 1913, restituant les constructions antérieures. L'emplacement du logis "carré", se trouve délimité par la barrière. (photo Georges Bernage.)

Les courtines. Pour ce qui est du front oriental (tourné vers la cité), les courtines et la tour située entre le châtelet et la Tour Saint-Laurent, sont du XIIIe siècle. Celle située entre le châtelet et la Tour de la Madeleine, date du XIIIe siècle mais a été doublée vers l'extérieur au XVe siècle, probablement vers la même époque que celle de la reconstruction du châtelet et de la Tour de la Madeleine. Elle garde les ouvertures du grand logis reconstruit vers cette époque, munies de meneaux en pierre bleu foncée. A partir de la Tour de la Madeleine, celle-ci se prolonge avec le remparement de la courtine en mœllon surmontée de corbeaux en schiste vert. Puis ce remparement se prolonge avec un grand appareil allongé de pierre bleu foncé, comme les meneaux. Les corbeaux, sur cette partie, sont aussi en schiste ardoisier du pays. Explication probable : courtine prolongeant la Tour de la Madeleine vers 1420 puis épaississement de la courtine lors des remaniements du logis quelques années plus tard, ainsi que nous le verrons plus loin.

Le front ouest, entre la Tour Saint-Laurent et la Tour de Montafilant est essentiellement du XIIIe siècle avec quelques reprises. Il est rythmé par la succession de quatre tours. Les chemins de ronde ont été en grande partie restitués à la fin du XIXe siècle en granit gris, ce qui n'est pas conforme, mais les corbeaux des mâchicoulis étaient encore en place. À partir de la Tour Saint-Laurent, on rencontre tout d'abord une tourelle carrée qui abritait des latrines (certains visiteurs ont malheureusement conservé cet usage…) puis la Tour de l'Argenterie qui est bien une tour semi-circulaire du XIIIe siècle qui a été reprise dans son couronnement au XVe siècle et probablement reprise du côté cour à la fin du XVe siècle pour s'intégrer à la galerie de circulation qui a alors été édifiée.

La Tour Neuve, ou Tour de la Madeleine, aurait été entreprise après la menace anglaise de 1417, terminée en 1420. La vue [ci-dessus] nous montre l'arrière de cette tour, l'emplacement du logis carré et les vestiges de la façade romane, [à droite] masquée lors de la construction du châtelet, travaux de restauration en cours. (photos Georges Bernage.)

Les armes des Montmorency-Laval, vitrail de la chapelle datant du XVIIIe siècle. (photo Georges Bernage.)

Suit une autre tourelle carrée, remaniement probable du XVe siècle puis la **Tour de l'Oratoire**. Cette tour est semi-circulaire sur les plans anciens, jusque sur ceux de 1738, pour devenir carrée à partir des documents de 1772 [*cf.* sanguine p.10]. Elle aurait été reconstruite au milieu du XVIIIe siècle. Elle tire son nom de l'oratoire qui y a été établi au XVIe siècle et qui présente, côté cour, une belle absidiole de la Première Renaissance.

Le front nord, entre la Tour de Montafilant et la Tour de la Madeleine, est le moins intéressant. Ruiné, il a été en grande partie restauré ou reconstruit lors de la construction de l'Hôtel de Ville achevée en 1913. La première partie de la courtine (façade arrière de l'Hôtel de Ville) est de cette époque, la tour rectangulaire est restituée à cette époque. La Tour suivante, semi-circulaire, est restituée en décalage des fondations du XIIIe siècle. Par contre, la courtine située entre cette tour et la Tour de la Madeleine, est du XVe siècle, reste du logis dont nous allons maintenant parler.

Le Logis a été en grande partie reconstruit vers la fin du XVe siècle, il en reste peu de choses. Nous connaissons son plan précis d'après les relevés (plans et coupes) datant de 1738. Contre la courtine et à proximité du châtelet, se dressait une haute tour carrée appelée **Tour de l'Horloge** ou **de César**. Son clocheton dominait tout le château. Il en subsiste la partie adossée à la courtine et le rez-de-chaussée de la face sud, la fameuse porte romane flanquée de deux arcatures, la partie la plus ancienne du château qui soit conservée. Dans le prolongement [*cf.* plan p.9], on trouvait la boulangerie avec un four [plan: n°13] et la chambre de Laval au premier étage, puis les cuisines [plan: n°12] et la chambre de Vitré au-dessus. Au centre de ce logis se trouvent deux celliers dont le plus grand est doté de trois piliers portant une grande salle d'apparat s'étendant sur ces deux celliers au premier étage et mesurant 26 x 11 m. Du côté de la courtine, au nord, cette salle est bordée par deux chambres de taille inégale (la plus grande, à deux ouvertures est du côté de la Tour de la Madeleine, il en est de même au rez-de-chaussée). Quant aux deux chambres côté cour (chambre de Laval et chambre de Vitré), elles ont été créées en 1626, la duchesse de la Trémouille fit alors *«rompre une chapelle qui estoit à côté de la grande salle du château pour en faire deux chambres»*. Les maçons découvrirent (en 1628), en démolissant l'autel de cette chapelle que celui-ci avait été dédicacé le 10 août 1432. Le premier étage de ce gros logis carré était desservi par un escalier droit menant directement à la salle d'apparat. Il dut être reconstruit

Le front occidental du château avec la Tour Saint-Laurent dominant ici le secteur de la Porte d'Embas et la barbacane. (photo Georges Bernage.)

vers cette époque faste, rappelons qu'à la suite des services de **Guy XIV** envers le roi de France, **Charles VII** a érigé Laval en comté en 1429. Ce même Guy XIV épousera **Françoise de Dinan** en 1450, en troisième noce. Ce nouveau mariage amène à sa puissante famille Le Guildo, Montafilant Plancoët et, de nouveau, Châteaubriant.

Dans le prolongement de ce logis massif – dont il ne reste rien à part les courtines et les vestiges de la porte romane – une aile s'étendait vers le nord. Elle fut rasée pour construire une prison qui a disparu à son tour, remplacée par l'actuel Hôtel de Ville. Ce bâtiment, terminé en 1913, a repris les volumes du bâtiment d'origine. Bien qu'il soit moderne, il rappelle le corps de logis qui se dressait là à la fin du XVe siècle avec son portique à arcades. L'escalier monumental évoque un peu celui qui menait à la salle d'apparat. Cette construction moderne respecte l'esprit de l'édifice antérieur.

Du côté ouest, cette aile se prolongeait par un portique à arcades, reconstitué en 1904 à l'identique d'après un vestige conservé, il supportait une galerie assurant la jonction avec la **Tour Saint-Laurent** où résidait le gouverneur. D'après **André Mussat**, cette galerie est du type « blésois » et pourrait être datée de la fin du XVe siècle. D'après une comparaison de style avec l'église Notre-Dame, les arcades de cette galerie auraient été édifiées entre 1465 et 1500. La famille de Laval-Montmorency est francophile et, lors du rattachement de la Bretagne à la France, Vitré s'ouvre facilement au roi. Au début du XVIIe siècle, par mariage, le château change de famille et passe entre les mains des **La Trémoïlle**. À la fin du XVIIe siècle, cette famille quitte Vitré et le château se dégrade. Le **prince de Talmont**, fils du dernier baron, est condamné à mort à Vitré, le 26 janvier 1794, il est exécuté le lendemain à Laval. Transformé en caserne puis en prison, le logis seigneurial brûle accidentellement, en 1794, la Tour de l'Horloge s'écroule en 1825, la charpente de la Tour Saint-Laurent s'effondre en 1835. Une prison est reconstruite sur les restes du logis. Puis le classement du château a lieu pour partie en 1872. Le châtelet est restauré entre 1871 et 1876. La Tour Saint-Laurent est restaurée et reconstruite dans ses parties hautes. Un hôtel de ville est construit à l'emplacement de l'ancienne aile du logis. Certaines restaurations froides et utilisant malencontreusement du granit bleu ou du schiste bleu foncé ont été critiquées. Des reprises récentes corrigent certaines de ces erreurs mais, si elles furent parfois rudes, restaurations et restitutions d'il y a un peu plus d'un siècle ont sauvé le château et lui ont redonné son allure. Fait-on mieux de nos jours en « restaurant » le château de Falaise avec un avant-corps en béton et un toit en téflon ! Pour ne pas faire « pastiche »... N'oublions pas qu'un monument médiéval a un rôle pédagogique et que des « restitutions » permettent de remplir ce rôle.

Front nord du château avec [de gauche à droite] : la Tour Nouvelle ou de la Madeleine, une tour du XIIIe siècle déplacée au XIXe siècle, une tour rectangulaire, déplacée ici au XIXe siècle en décalage de vestiges du XIIIe siècle, et la Tour de Montafilant. Le logis, reconstruit ici à la fin du XIXe siècle abrite maintenant l'Hôtel de Ville. Cette façade dominant la Vilaine, est celle qui a subi le plus de reprises mais garde fière allure. (photo Georges Bernage.)

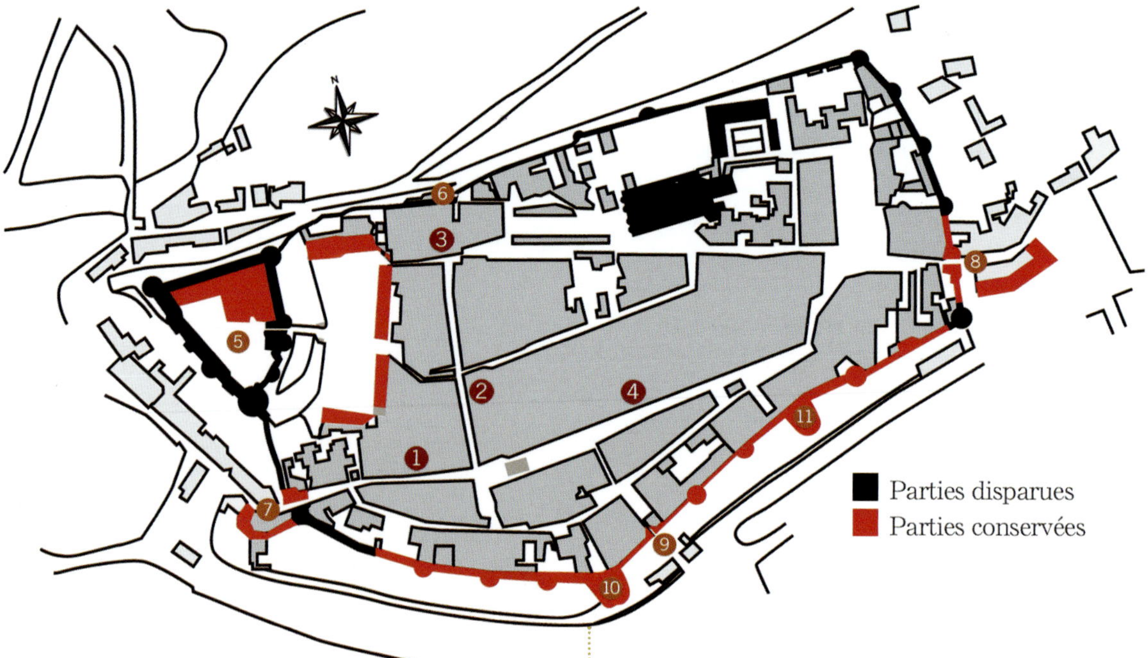

Plan de la ville de Vitré en 1881. [1] rue d'Embas [2] rue de la Baudrairie [3] rue Notre-Dame. [4] rue de la Poterie [5] Château [6] Poterne [7] Porte d'Embas [8] Porte d'En-Haut [9] Porte Gastesel [10] Tour Gastesel [11] Tour des Claviers. (carte Heimdal.)

Vestiges de la barbacane, côté nord, au pied de la Tour Saint-Laurent. (photo Georges Bernage.)

Les remparts

Comme nous l'avons signalé, l'enceinte urbaine primitive a été construite de 1220 à 1240 environ. Les tours de l'enceinte sont de petit volume, moitié environ de celui de celles du château. Quatre portes ouvraient dans cette enceinte : la **Porte d'Embas**, à l'ouest et au pied du château, la **Porte d'En-Haut** à l'est et, plus petite, la **Porte de Gastesel** au sud. Au nord, une poterne s'ouvre dans les remparts. Sous le règne du duc **François II** (1460-1488), deux raveliens furent construits devant les deux portes principales et deux tours très importantes furent construites sur le flanc sud, le plus exposé ; elles sont terminées en 1487. Celles de l'ouest étaient la **Tour Gastesel** et l'autre

Depuis la Promenade, point de départ de la visite de la Cité, front occidental du château, avec la puissante tour Saint-Laurent, et entrée de la ville depuis les maisons s'appuyant sur les vestiges de la barbacane. (photo Georges Bernage.)

Entrée de la Cité par la Porte d'Embas dont subsiste la tour sud, très restaurée dans ses parties hautes au XIXe siècle et se prolongeant, à droite, par un vestige de la courtine. [Ci-dessus à gauche] : vestiges de la tour nord de cette porte. (photos Georges Bernage.)

la **Tour des Claviers.** Elles sont en forme de fer à cheval comme certaines des tours du château de Fougères. Que reste-t-il de cette importante enceinte ? À l'ouest, nous sommes accueillis par des vestiges de la Porte d'Embas, avec un haut de rempart, le tout a été « complété » au XIXe siècle. À l'est, la grosse **Tour de la Bridolle,** du XVe siècle, rappelle la Tour Saint-Laurent dans son aspect. Puis, à partir de là, le rempart est assez bien conservé sur la moitié environ de sa longueur totale, à l'est et au nord, jusqu'à la poterne, intacte.

Sur cette estampe d'**Albert Robida**, vers 1890, nous apercevons le début de la rue d'Embas avec une belle maison à pan de bois et, plus loin, le pignon de la maison de la Botte-Dorée et cette première maison actuellement. (photo Georges Bernage.)

Détails intérieurs de la maison en pans de bois située au début de la rue d'Embas : vue sur la cour, porte médiévale, sous le porche, avec linteau allégé par deux corbeaux, deux beaux manteaux de cheminée, dans cette maison abritant un agréable restaurant. Le nom de rue d'Embas (plutôt que "d'en-bas", qui correspond à la situation géographique de la rue, désignerait les boutiques qui s'y trouvaient, des *embas*. (photos Georges Bernage.)

Deux aspects du côté droit (sud) de la rue d'Embas, avec une succession de maisons en pans de bois.

Détail de la façade de la Maison de la Botte Dorée avec la date de construction : 1513.
(Photos Georges Bernage

Maison de la Botte Dorée au 20, rue d'Embas, façade, détail de sculpture, et fenêtre dans la venelle avec fou portant des bottes à grelots, d'où la maison tire probablement son nom.
(photos Georges Bernage.)

Ostel du Bol d'Or, bel édifice entièrement en pierre, au 10, rue d'Embas, légèrement au-dessus de la maison de la Botte Dorée. Il témoigne de la richesse des marchés de toile de Vitré au XVe et XVIe siècles.

En haut de la rue d'Embas, en arrivant au Carrefour de Bourienne, magnifique maison de la fin du Moyen Âge, bâtie sous le règne de **Louis XII**, la seule maison classée de Vitré. Elle abrite actuellement un restaurant. (photos Georges Bernage.)

A partir du Carrefour de Bourienne, en remontant vers le nord, la rue de la Baudrairie (du nom des baudroyers, artisans du cuir) présente, comme la rue d'Embas, un remarquable ensemble, presque complet, de maisons en pans de bois. Ici, le n°30, avec détail de la belle porte gothique sculptée, et détail de sculpture. (photos Georges Bernage.)

La Cité

Au Moyen Age, le commerce y était très actif, particulièrement celui de la toile. Dès 1413, en pleine guerre de Cent Ans, on voit des toiles vitréennes au Portugal. En 1473, la nouvelle confrérie des marchands décide que ses cotisations seront payées en monnaie des Flandres prises sur les exportations de toiles. Cette richesse se retrouve dans les nombreuses belles maisons médiévales qui sont conservées. On commencera la visite à partir de la Porte d'Embas, on remontera la rue d'Embas bordée de nombreuses maisons en pans de bois, médiévales ou postérieures mais encore d'esprit gothique. Dans la rue de la Poterie, on suivra une succession de porches – avant soliers jusqu'à la pittoresque maison de l'Ile. On pourra longer les remparts par la Promenade du Val et revenir par la poterne Saint-Pierre jusqu'à l'église Notre-Dame, édifice des XVe et XVIe siècles présentant, sur son flanc sud, sept pignons décorés de pinacles et une chaire extérieure. Avant d'arriver au château, on arpentera la rue de la Baudrairie (qui rejoint la rue d'Embas) qui a gardé son caractère médiéval. Cette ville a gardé une ambiance exceptionnelle et mérite qu'on y passe plusieurs heures. On peut aussi suivre l'itinéraire suivant proposé visuellement dans ces pages : rue d'Embas, rue de la Baudrairie, rue Notre-Dame, Poterne Saint-Pierre, retour et église Notre-Dame puis rue Duguesclin et rue de la Poterie. La visite du château et celle d'une Cité ayant gardé des ensembles cohérents de maisons en pans de bois reste un incontournable qui charmera le visiteur. ▮

Depuis le carrefour de la rue du château [derrière nous] belle maison en partie reconstituée, vers le milieu de la rue et [ci-dessous] autre aspect de cette maison en remontant vers le nord et les maisons se trouvant dans son prolongement vers la rue Notre-Dame dans le fond. (photos Georges Bernage.)

Ce parcours sur le plan de 1881.

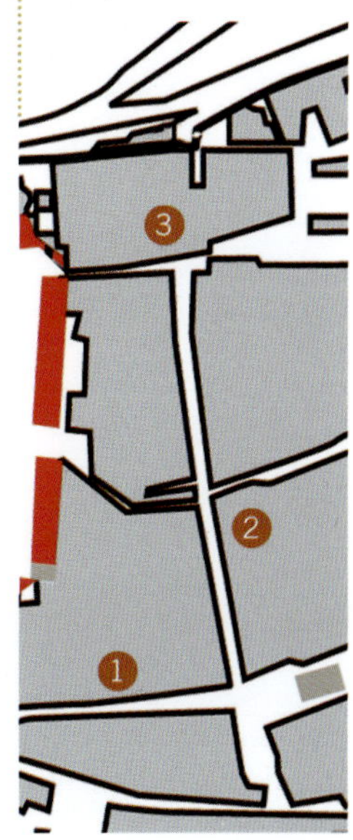

En haut de la rue de la Baudrairie, nous arrivons sur la rue Notre-Dame, dont nous voyons deux très belles maisons, avec le détail de celle de gauche dont le rez-de-chaussée de boutiques a été récemment rénové et peint dans l'esprit du Moyen Âge.

Remarquons aussi les façades recouvertes d'un essentage d'ardoises. Au Moyen Âge, les façades, en pan de bois pouvaient être aussi protégées par des bardeaux de bois.

La maison au 30, rue Notre-Dame, présente un rez-de-chaussée en pierre et un intéressant décor sculpté sur les murs pignon en encorbellement, détails présentés de part et d'autre. (photos Georges Bernage.)

Porte d'Adam et Eve, datée vers 1500, de la maison [ci-dessus à droite]. Elle a été achetée et remontée en 1914 par **Francis Guérault** antiquaire, dans une salle du musée, dans la Tour Saint-Laurent. En anse de panier, surmontée d'une accolade entre deux colonnes en spirale, le fleuron de l'accolade figure l'Arbre du Bien et du Mal, avec le serpent tentateur, entourés par Adam et Eve, et portant l'inscription *Adam, la tentation.* Elle témoigne de la réussite financière des marchands vitréens souvent commanditaires d'un riche décor sculpté. (photo Georges Bernage.)

Lithographie d'**Albert Robida**, vers 1890, montrant une maison de marchand de toile, située au fond d'une cour, au n°23 de la rue Notre-Dame et dont la très belle porte a été achetée et remontée dans le musée.

Des exemples de décor en bois sculpté, musée du château. (photos Georges Bernage.)

La poterne Saint-Pierre située sur le rempart nord date du XIIIe siècle et vient d'être restaurée ; elle permet d'accéder à la promenade longeant les remparts. (photo Georges Bernage.)

Anciennes photos (travaux en cours) montrant quelques aspects de l'enceinte du côté est (ci-dessus) et nord (ci-contre). (photos Georges Bernage.)

On accède à la poterne Saint-Pierre depuis la place Notre-Dame : ici les passages en pan de bois la précédant. Son nom vient d'une chapelle Saint-Pierre qui était située à proximité et dont les origines pourraient remonter au Haut Moyen Âge.

Porte ogivale, probablement du XIIIe siècle, dans le passage de la poterne. (photos Georges Bernage.)

Cette lithographie, d'avant 1858, nous montre l'église Notre-Dame alors que la tour de la croisée du transept, édifiée entre 1440 et 1442, alors surmontée d'un clocher de bois, avait été foudroyée en 1704. Il a été surmonté ensuite d'une flèche néogothique, édifiée en 1858. Notons aussi [à gauche] la Halle aux Draps, incendiée en 1886 ; elle était destinée au commerce des Canevas, grosses toiles de chanvre écrues qui firent la richesse des marchands d'Outre-Mer vitréens du XIVe au XIVe siècle. (Coll. Musées de Vitré.)

Sur l'estampe [ci-dessus] et la photo [ci-contre], nous voyons la façade sud, élevée entre 1480 et 1540 dans le style gothique flamboyant, bel exemple des églises à pignons multiples, très en vogue en Haute Bretagne du XVe au XIVe siècle, ce type de plan permet de percer de grandes baies. Elle est aussi remarquable pour sa très rare chaire à prêcher – il en existe un exemple similaire à Saint-Lô, dans la Manche. (photos Georges Bernage.)

La nef de l'église se termine par la chapelle absidiale *(Le chœur aux moines)*, vestige de l'église romane du XIIe siècle. On notera de remarquables sculptures sur les culots de retombée des voûtes [en haut à droite] et l'arracheur de dents [ci-dessus à droite] sur l'ancienne sacristie. (photos Georges Bernage.)

L'ancienne sacristie est surmontée par la tribune seigneuriale. Le vantail de bois de la porte a conservé son décor de plis de serviette du XVe siècle. (photos Georges Bernage.)

Cette estampe [ci-contre] d'**Albert Robida**, en 1890, nous montre la chaire à prêcher gothique et deux maisons gothiques disparues et remplacées peu après [ci-dessus] par deux bâtiments dont un en style néo-gothique. (photo Georges Bernage.)

La cité de Vitré se caractérisait par ses galeries de porches, [*cf.* pp.34-35]. Ceux qui faisaient face au château ont disparu. Par contre, il reste encore trois maisons à porches face à la façade sud de l'église. [Ci-contre] : l'une d'elles avec sa belle façade en pan de bois. Son décor peint a été restauré d'après les vestiges de peinture retrouvés. (photo Georges Bernage.)

Deux portes intérieures gothiques (XVe et XVIe siècles) conservées au musée de Vitré. L'une d'elles [page ci-contre] est à plis de serviette et a conservé son loquet et sa plaque à orbevoies d'origine. L'autre [ci-dessous] est à plis de serviette en partie basse et à décor de fenestrages gothiques en partie haute. (photo Georges Bernage.)

Les porches des maisons situés en face de l'église Notre-Dame [ci-dessous à gauche]. Par un temps, comme celui évoqué dans l'estampe de Robida, de tels porches étaient pratiques pour que les chalands puissent circuler agréablement devant les boutiques.
Au bout de la rue Notre-Dame, tournons à droite, en passant devant cette belle maison gothique [ci-dessous], avant de rejoindre la rue de la Poterie.
(photos Georges Bernage.)

La rue de la Poterie, vers 1890, au carrefour avec la "Maison de l'Ile", d'après **Robida** [ci-dessous à droite] qui a exagéré, dans un esprit romantique, l'étroitesse de la rue et le débord des avant-soliers, la photo actuelle [ci-dessus] nous en restitue la réalité, cette partie orientale de la rue de la Poterie, dite "petite rue Poterie", ayant conservé presque intactes ces maisons à porche. Au nord [à droite] , ils se succèdent pour former, au rez-de-chaussée, une large galerie couverte, commerçante, appelée Grands Porches. Occupant l'angle, carrefour des rues de la Poterie et de Sévigné, la Maison de l'Isle est une des curiosités de la ville. Elle doit son nom à l'îlot sur lequel elle est édifiée ; on peut en faire le tour complet. On peut remarquer, de profil [ci-dessous] , son double encorbellement. (photos Georges Bernage.)

Deuxième série de porches, côté nord faisant face à la Maison de l'Ile. (photo Georges Bernage.)

Remerciements à **Stéphane Gautier**, chef de service du Patrimoine de la ville de Vitré et **Véronique Kahn**, chargée des Publics.

Devant sculpté d'un coffre gothique du XVe siècle, conservé dans le Musée de Vitré. Il illustre bien la richesse des négociants de toiles vitréens, réunis depuis 1743 en une puissante et riche confrérie des marchands d'Outre-Mer. Les élégantes silhouettes de leurs demeures ont fait la renommée de Vitré, depuis le XIXe siècle, auprès des touristes, artistes et intellectuels, parmi lesquels **Gustave Flaubert, Maxime du Camp, Gérard de Nerval** ou **Victor Hugo**. (photo Georges Bernage.)

Informations pratiques

Office du Tourisme de Vitré
Place du Général-De-Gaulle
35500 Vitré
Tél. 02 99 75 04 46
info@ot-vitre.fr
http://bretagne-vitre.com

A visiter

Le Château de Vitré

Ouvert tous les jours du 1er octobre au 31 mars (10h30-12h30 et 14h-17h30).
Du 1er avril au 30 juin et du 1er au 30 septembre (10h-12h30 et 14h-18h).
Du 1er juillet au 31 août (10h-18h).

Fermé le mardi, samedi et dimanche matin.
Fermeture dimanche de Pâques, 1er novembre, 25 décembre et 1er janvier.

Bibliographie

- Borderie (de la), *L'Architecture militaire du Moyen Age en Bretagne*, réédition Rue des Scribes, 1991.
- Mussat André, *Le château de Vitré et l'architecture des châteaux bretons du XIVe au XVIe siècle* in *Bulletin Monumental*, t. 133 vol.II, 1979, pp.132-164.
- Forget Patrick, *Le château de Vitré*, 1971.

Les trois premières maisons à porches, avant le carrefour, celles qu'on aperçoit [à droite] sur l'estampe de **Robida**.

Cette photo permet d'apprécier la largeur des grands porches. (photos Georges Bernage.)

Le château de Fougères

Un grand livre d'Histoire à ciel ouvert

par Jean-Charles Stasi

Sans cesse modifié et fortifié pendant quatre cents ans, le château de Fougères, l'un des plus vastes et les mieux conservés d'Europe, constitue un incomparable "livre" à ciel ouvert sur l'évolution de l'architecture militaire au Moyen Âge.

[1] Claire de Loynes, *Fougères, cité romantique*, photographies de David Bordes, Editions du Palais.

L'arrivée à Fougères ne constitue pas seulement l'aboutissement d'un déplacement géographique aux confins de la Bretagne et de la Normandie. C'est aussi le début d'un voyage dans le temps, riche d'enseignements. Remarquablement conservé, le château, situé en pleine ville, offre sur une superficie de deux hectares un condensé très instructif de l'évolution des techniques de fortification et de défense durant tout le Moyen Âge. « *C'est un livre ouvert sur cinq siècles d'histoire* », résume **Claire de Loynes**[1]. Et on ne saurait parler de Fougères sans commencer par son château. « *C'est bien la présence du château qui a fait surgir ces premiers bourgs blottis entre la falaise, le château et les rives*

Vue d'ensemble du château et des remparts de la cité médiévale depuis la ville haute. (photo Dominique Saliou.)

du Nançon ; ils rappellent la foi des paysans et artisans en la double protection de Dieu et des seigneurs bâtisseurs, poursuit Claire de Loynes.

Mais avant d'entrer dans le détail de l'histoire de cette forteresse, il convient de la resituer dans son époque. Et même de remonter encore un peu plus loin dans le temps. Jusqu'à la fin du VIIIe siècle, quand, en 778, **Charlemagne** instaure la première *Marche de Bretagne*, zone tampon sous administration militaire composée des comtés francs du Rennais, du Nantais, du Vannetais et d'une partie du Maine, pour assurer la protection de son empire. Le plus connu des « marquis » ou « préfets de la Marche » sera d'ailleurs le **comte Roland**, selon la légende le propre neveu de Charlemagne, passé à la postérité sous le nom de **Roland de Roncevaux**.

Le IXe siècle est marqué par la révolte des Bretons, laquelle culmine en 845 quand **Nominoë** bat les troupes franques de **Charles le Chauve** à Ballon, près de Redon. C'est de cette bataille que la plupart des historiens datent la naissance d'une Bretagne unifiée et indépendante, derrière un souverain unique. Il s'ensuit une politique expansionniste qui verra Nominoë et son successeur, son fils **Erispoë**, pousser cette volonté de fortification des frontières du royaume jusqu'aux rives de la Vire et de la Mayenne, et même jusqu'aux portes d'Angers.

En 861, **Charles le Chauve** crée une nouvelle Marche, comprenant les comtés d'Anjou, de Touraine et du Maine. Mais la guerre entre Francs et Bretons ainsi que les invasions normandes vont faire reculer les limites de la Bretagne au cours du siècle suivant. **Alain Barbetorte**, comte de Nantes, vainqueur des Vikings en 939 à la bataille de Trans, près du Mont Saint-Michel, instaure le régime ducal breton.

Fougères, pièce maîtresse de la « frontière »

Avec l'émergence de la société féodale débute la construction de places fortes dans cette zone tampon allant de la Baie du Mont-Saint-Michel jusqu'à l'estuaire de la Loire. À partir de l'an Mil, une vingtaine de forteresses vont ainsi sortir de terre entre le Mont Saint-Michel et Guérande. D'abord en bois, puis en pierre, elles constituent autant de témoignages de l'histoire mouvementée du duché de Bretagne, de sa naissance jusqu'à son rattachement à la couronne de France, au début du XVIe siècle. Elles ont pour nom Machecoul, Clisson, Oudon, Ancenis, Champtoceaux, Champtocé, Pouancé, Châteaubriant, Vitré, Combourg, Montmuran, Châteaugiron, Landal ou encore Fougères.

« Fougères qui peut s'enorgueillir d'avoir été certainement la principale pièce maîtresse de la frontière, à la rencontre de tous les épisodes – sans exception ! – de cette histoire. Une histoire dont chacune de ses tours conserve la mémoire, en forme d'invitation à refaire le voyage du temps pour qui veut bien se laisser transporter par les reflets du vivant, le ressenti des choses et le pouvoir de l'imaginaire ! » Ces mots de **René Cintré**[2] soulignent l'importance du château de Fougères, au carrefour de la Normandie, de la Bretagne et du Maine, dans cette « frontière », qu'il serait réducteur de résumer en un immense champ de bataille. « *En temps ordinaires, ces terres de contact et d'échanges s'érigeaient en théâtre privilégié des relations marchandes* », tient à préciser ce spécialiste des Marches de Bretagne, citant pour exemple la pierre de Caen, le tuffeau de Saumur, l'ardoise de l'Anjou, le sel de Guérande et les vins de Touraine.

Motte féodale. Proposition de reconstitution.
(illustration de Gilles Hergot, collection René Cintré.)

L'histoire du château de Fougères débute à la fin du Xe siècle. « *C'est le temps des mottes et des pouvoirs émiettés. Mais aussi des turbulences et des guerres entre les principautés voisines : d'un côté, le*

[2] René Cintré, *Fabuleux château de Fougères*, Ville de Fougères.

La tour des Gobelins offre un point de vue remarquable sur les fondations du donjon octogonal de diamètre important, qui ne fut jamais terminé. (photo Erik Groult, Heimdal.)

duché de Bretagne en quête de ses limites orientales ; de l'autre, la Normandie, le Maine et l'Anjou, parties constitutives du royaume de France en formation. Entre les deux, la frontière : de plus en plus précise, de plus en plus stable et de mieux en mieux matérialisée sur le terrain », explique René Cintré

Entre des talus hérissés de fougères, au fond du val du Nançon, se dresse un îlot rocheux, enserré entre les marais et les méandres de la rivière. C'est sur cette hauteur qu'est érigé le premier château (au nord-ouest de l'enceinte actuelle), plus exactement une motte castrale, à savoir un simple donjon en bois, défendu par de hautes palissades, et bordé par les eaux de la rivière qui font office de douves. Le château de Fougères présente, en effet, la particularité d'être situé dans une vallée, contrairement à la plupart des autres places fortes qui dominent les environs.

Le premier château incendié par Henri II Plantagenêt

Les maîtres des lieux sont alors les **seigneurs de Fougères**, dont l'un d'eux accompagnera Guillaume le Conquérant jusqu'à Hastings dans la conquête de l'Angleterre. Un siècle plus tard, alors que Fougères est devenue une puissante baronnie frontalière alliée au pouvoir ducal, le château connaît sa première épreuve. Le roi d'Angleterre **Henri II Plantagenêt**, déjà maître de la Normandie, a des visées sur la Bretagne. En 1166, il met le siège devant Fougères, dont le seigneur, **Raoul II**, a ouvertement pris la tête du mouvement de résistance des nobles bretons face à l'envahisseur. Le château est finalement pris et démantelé, et son donjon rasé. Des fouilles récentes ont permis de mettre à jour les vestiges d'une tour à colombages au sommet du promontoire rocheux autour duquel s'élève le château actuel.

Le pugnace baron **Raoul II** ne renonce pas pour autant à sa place forte. Au contraire. Convaincu de l'intérêt stratégique du site, il y fait construire sans tarder un nouveau château, mais cette fois en pierre. Et plus précisément en schiste cornéen, prélevé dans la carrière toute proche. Avec du granit comme matériau de consolidation.

Comme il est d'usage à l'époque, les premières tours sont carrées, sur le modèle du donjon en bois. C'est le cas de la **tour de La Haye-Saint-Hilaire**, dotée de deux herses, qui ouvre l'accès à l'enceinte. Les deux tours qui l'encadrent, la tour du Hallay et la tour Guémadeuc, sont postérieures comme l'indique leur silhouette bien différente. À partir du XIIIe siècle, on se met à bâtir des tours rondes qui éliminent les problèmes d'angles morts pour les tirs en direction de l'ennemi. Protégeant un point éminemment stratégique, ces trois tours sont percées d'un nombre important d'archères.

On ne pénètre pas dans le château par un pont-levis, mais par un pont dormant qu'on peut brû-

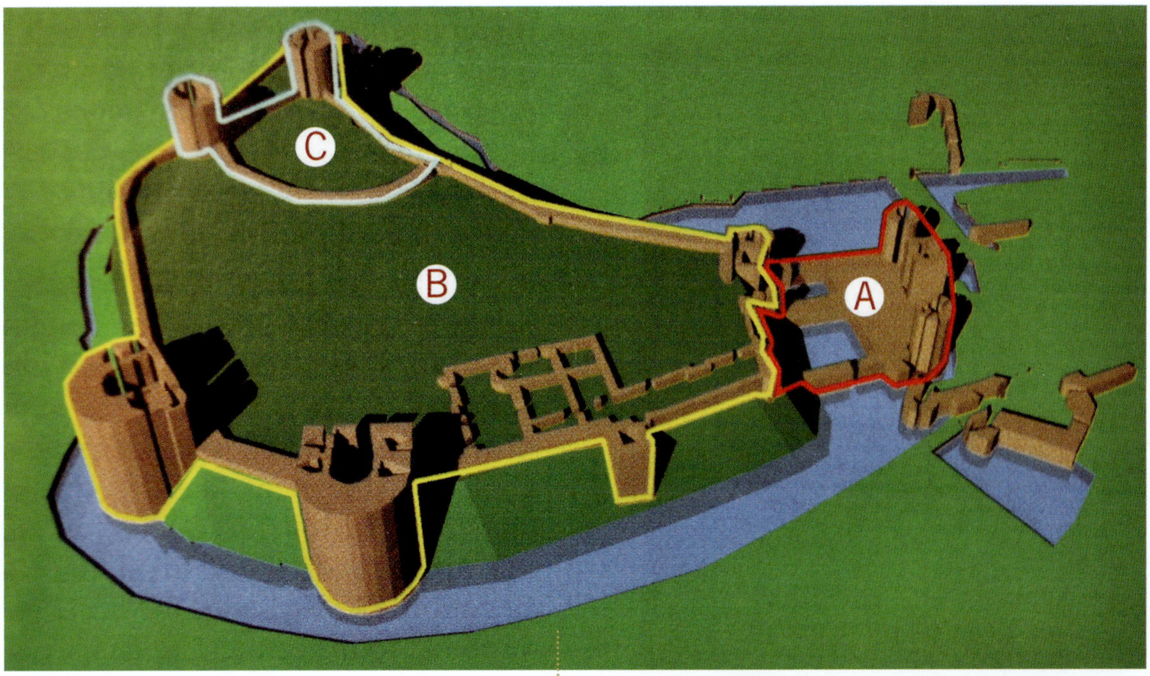

Sur ce plan, on distingue les trois niveaux de défense du château : [A] l'avancée [B] la basse-cour [C] le réduit. (Plan Heimdal.)

La tour d'entrée, la Tour de la Haye-Saint-Hilaire. (photo Erik Groult, Heimdal.)

ler en cas d'attaque. L'enceinte globale, d'une superficie de deux hectares, est divisée en trois parties bien distinctes correspondant chacune à un niveau de défense : l'avancée, la basse-cour et le réduit. L'avancée, qui comprend donc la tour de La Haye-Saint-Hilaire, la **tour du Hallay** et la **tour Guémadeuc**, constitue le premier niveau de défense et a pour vocation de filtrer les entrées. Elle donne sur la basse-cour. Cette partie, de loin la plus vaste, est une zone où s'organise la vie quotidienne en temps de paix et qui sert de refuge à la population en temps de guerre. Juste avant d'y pénétrer par la **tour-porte Coëtlogon** en ruines, on distingue sur la droite, percé dans la muraille, un déversoir des eaux du Nançon, dont la présence n'est pas anodine. Selon certains historiens, il aurait pu y avoir un second pont dormant entre l'avancée et la basse-cour. En cas d'attaque, on pouvait le détruire en ouvrant le déversoir, ce qui piégeait les assaillants dans la basse-cour.

Le logis seigneurial révélé au début du XXe siècle

Au départ de ce même rempart nord, la **tour de Coigny** résume à elle seule toute l'histoire du château. Edifiée au XIIe siècle dans une forme carrée, elle se voit rajouter des parties circulaires au siècle suivant. Au XIVe on la garnit de mâchicoulis. Et, fin XVe-début XVIe, est percée une nouvelle porte surmontée d'un fronton annonçant la Renaissance. La tour de Coigny sera par la suite transformée en chapelle, avant d'être totalement murée et laissée à l'abandon. Jusqu'à ce

Le château de Fougères au xve siècle.
Proposition de restitution de J. B. Héron (2005).
(Ville de Fougères.)

Les tours d'entrées du château : tour du Hallay, tour de la Haye-Saint-Hilaire, tour Guémadeuc.
(photo David Bordes)

La tour de Coigny avant sa restauration : totalement désaffectée, elle avait été murée. (photo Ville de Fougères.)

Comme on le voit sur cette carte postale ancienne, l'entrée du château avait fini par perdre, au fil des siècles, son aspect médiéval. Au début du XXe, l'architecte des Monuments Historiques va effacer les ajouts incongrus et chercher à redonner un aspect défensif à l'édifice en reconstituant des archères et des créneaux. (photo Ville de Fougères.)

que, au début du XXe siècle, l'architecte des Monuments Historiques ne lui redonne une nouvelle vie, notamment en rouvrant ses accès et en faisant réparer sa toiture.

En face, adossés au rempart sud, les vestiges du logis seigneurial témoignent, eux aussi, de la richesse architecturale du château de Fougères. Ces ruines ont été mises à jour lors des fouilles des années 1920. La construction du logis a débuté au XIIe et l'ensemble a connu des évolutions. On peut voir les restes de ce que les historiens pensent être la grande salle d'apparat (*aula*). Les colonnes en granit portaient probablement un plancher, hypothèse confortée par la présence d'une fenêtre sur le mur du pignon est. Le bâtiment était exposé plein sud avec de larges baies. La circulation entre les étages se faisait par un escalier extérieur dont il subsiste quel-

La tour de Coigny résume à elle seule toute l'histoire du château. La tour carrée d'origine, édifiée au XIIe siècle, a été modifiée au fil des siècles, jusqu'à être murée au XIXe, avant d'être restaurée au XIXe. (photo Erik Groult, Heimdal.)

Cette photo montre ce que les historiens pensent être la grande salle (salle d'apparat, *aula*) du logis seigneurial construite et utilisée à partir du XIVe siècle. Les colonnes en granit monolithe portaient probablement un plancher ; cette hypothèse est confortée par la présence d'une fenêtre sur le mur pignon Est. Le bâtiment est exposé plein sud avec de larges baies. La circulation entre les étages se fait par un escalier extérieur dont il ne reste que des vestiges. (photo Erik Groult, Heimdal.)

En 1929, après les fouilles d'**Albert Durand**, président fondateur du syndicat d'initiatives de Fougères, une restitution de la façade du logis seigneurial propose une interprétation plausible de l'organisation des salles d'apparat. (plan Ville de Fougères.)

ques traces. De même, on peut voir le porche de ce qui serait la chapelle bâtie à la fin du XVe, selon l'architecte du patrimoine **Christophe Amiot**[3].

Remontons de nouveau le cours du temps, jusqu'à la première moitié du XIIIe siècle. **Raoul III**, le nouveau baron de Fougères, prête fidélité au roi de France **Louis IX**, plus connu sous le nom de saint Louis. Cette allégeance déplaît au duc de Bretagne d'alors, **Pierre de Dreux** dit Pierre Mauclerc, que René Cintré nous présente comme «*l'un des princes les plus exaltés de son temps et aussi l'un des plus amoureux du pouvoir, mû par l'ambition de faire du duché une véritable principauté à part entière... quitte pour cela à s'allier au roi d'Angleterre, face au roi de France !*»

[3] Christophe Amiot, *"Nouvelles observations sur le logis du château de Fougères en Bretagne"*, paru dans les Actes du Congrès d'Auray, 2000.

Pierre de Dreux dit Pierre Mauclerc (1191-1250), premier duc de Bretagne d'origine française à l'origine de la construction du château de **Saint-Aubin-du-Cormier**. Gravure extraite de l'*Histoire de Bretagne* de **Dom Gui Alexis Lobineau** (1707, t.1). (Bibliothèque Fougères, Communauté, Fonds Ancien.)

Toujours selon **Christophe Amiot**, il s'agirait du porche de l'ancienne chapelle bâtie dans la seconde moitié du XVe siècle, dégagée lors des fouilles des années 1920. (photo Erik Groult, Heimdal.)

Selon **Christophe Amiot** dans son article *Nouvelles observations sur le logis du château de Fougères en Bretagne*, paru dans les Actes du Congrès d'Auray en 2000, il s'agirait de la première salle d'apparat du premier logis du château. Cette construction aurait évolué dans son architecture du XIIe au XIIIe siècle. Les baies géminées (ci-dessus) sont postérieures aux baies simples qui les surplombent. La large baie surplombant cet espace (ci-dessous), est une canonnière probablement « construite » lors du doublement de l'épaisseur du mur de la courtine à la fin du XVe siècle (à la période où l'on construit les deux tours d'artillerie). (photo Erik Groult, Heimdal.)

Cette estampe du XIXe siècle nous montre le château du côté de la poterne d'Ambroise avec la **Tour des Gobelins** et la **Tour Mélusine** dominant cette partie de l'enceinte. (Ville de Fougères.)

Située à l'extrémité ouest de l'enceinte, la poterne d'Ambroise a été rajoutée au XVe siècle. Elle doit son nom à **Françoise d'Ambroise**, femme du duc **Pierre II**, baron de Fougères de 1442 à 1456. Elle est formée de deux demi tourelles qui sont en encorbellement sur une base massive solide. La porte de la poterne est maintenant ouverte sur le vide à une dizaine de mètres du sol. Jusqu'au XVIIIe siècle, la poterne était reliée par un pont-levis à un ouvrage en forme de demi-lune qui servait de barbacane et qui a complètement disparu depuis. (Ville de Fougères.)

Pierre Mauclerc s'empare du château de Fougères en 1231. Mais saint Louis dépêche aussitôt une armée qui reprend la place forte et la restitue à Raoul III. Ce dernier accompagnera d'ailleurs Saint-Louis lors de la septième croisade.

Sous la protection de la fée Mélusine

À son retour d'Egypte, Raoul III marie sa fille unique et héritière, **Jeanne de Fougères**, à **Hugues de Lusignan**, comte de la Marche et d'Angoulême, issue d'une vieille famille poitevine qui fait remonter ses origines à l'ensorcelante fée Mélusine. À la mort de Raoul III, en 1256, Jeanne va lancer d'importants travaux de modernisation du château. On lui doit notamment la **tour Mélusine** (fin XIIIe-début XIVe), qui tire son nom de la fée protectrice des Lusignan. Plus haute tour du château, elle constitue à elle seule un témoignage incontestable de la puissance et de la prospérité des seigneurs de Fougères de cette époque, avec son bel escalier à vis et ses treize mètres de diamètre.

C'est à la fois une résidence spacieuse et prestigieuse, et une remarquable fortification, toute en élégance avec sa haute silhouette parfaitement cylindrique. « *Chef-d'œuvre d'art militaire médiéval, elle est une avancée considérable par rapport à la tour carrée qu'avait reconstruite Raoul II (la tour de La Haye-Saint-Hilaire), sur le modèle du château en bois : les angles de tir en direction de l'ennemi sont plus larges et sa rondeur efface la fragilité des quatre angles d'une tour carrée* », souligne René Cintré.

On peut comparer l'évolution architecturale que constitue la tour Mélusine par rapport à sa voisine, la **tour des Gobelins** (fin XIIe), dotée d'un pont-levis, plus grossière dans son dessin et sa forme. Ces deux tours sont situées dans le troisième et dernier niveau de défense, le réduit, ultime refuge en cas de prise du reste du château.

La tour Mélusine et la tour des Gobelins, avec le rempart sud au premier plan. (photo Dominique Saliou.)

Le duc de Bretagne Jean V (1399-1442) gravure ancienne de son sceau.
(coll. particulière.)

La tour du Hallay (XIIIe siècle) à l'entrée du château, tour ronde percée d'archères en quinconce, typique de l'architecture militaire de cette époque.
(photo Ville de Fougères.)

C'est sur ce même promontoire rocheux, au nord-ouest de la forteresse actuelle, que se trouvait le donjon originel en bois, incendié par Henri II Plantagenêt en 1166. De la tour des Gobelins, on a un point de vue remarquable sur les fondations du donjon octogonal, qui ne fut jamais terminé. D'après ce que l'on a pu en déterminer, cette tour était conçue pour avoir un diamètre d'une vingtaine de mètres avec des murs ayant au niveau le plus bas pas moins de cinq mètres d'épaisseur. Et on imagine aisément qu'elle aurait pu atteindre une hauteur aussi impressionnante que ses autres dimensions...

La ville se développe du XIIIe au XVe siècle

L'apport des Lusignan de Fougères ne se limite pas au château proprement dit. Ils font construire des remparts qui ceinturent la ville pour la protéger en cas d'attaque. On pénètre dans l'enceinte par quatre portes fortifiées. Il n'en reste qu'une, la **porte Notre-Dame**, près de l'entrée du château, flanquée des **tours de Plesguen** et **de La Trémoille**. Les trois autres portes de cette enceinte urbaine parachevée au XVe ont disparu depuis, vraisemblablement au XVIIIe.

Bien protégée par ses murs fortifiés et son château de plus en plus imposant, bénéficiant d'une situation géographique favorable, Fougères connaît à partir de cette seconde partie du XIIIe siècle une période de prospérité qui va atteindre son apogée au XVe. La construction de moulins sur le Nançon permet le développement d'activités telles que la teinturerie, la verrerie, la pelleterie et la parcheminerie. De ces moulins, il en subsiste un, appuyé au rempart de la porte Notre-Dame, dont les quatre roues ont été restaurées récemment et fonctionnent comme au Moyen Âge.

Le château confisqué par Philippe le Bel

Favorisé par une période de paix pour la cité, ce développement économique est parallèle à une augmentation de la population. Comme l'atteste l'agrandissement de l'église Saint-Sulpice (XIe siècle), blottie contre le château, devenue trop petite. Le **Bourg Vieil** se révélant trop exigu, Fougères s'étend sur le haut de la falaise surplombant le château. C'est ainsi que les riches commerçants créent le **Bourg Neuf**, qui deviendra la ville haute. Leur prospérité croissante et leur volonté d'indépendance sont symbolisées par la construction d'un beffroi en 1397, le premier en Bretagne, qui domine la ville du haut de ses 30 m. Ses formes rappellent les beffrois des Flandres, où les marchands drapiers de Fougères allaient vendre leur production. *« En élevant la première tour civile et laïque, les commerçants se*

Extrait du Compte d'Etienne Baudron, receveur et miseur (comptable chargé des comptes municipaux) des deniers ordonnés pour les fortifications et réparations de la Ville de Fougères. (photo archives municipales Ville de Fougères.)

donnent le pouvoir de surveiller aussi bien les départs d'incendie que les risques d'attaques extérieures» précise Claire de Loynes pour bien donner la mesure de la montée en puissance du pouvoir des bourgeois parallèlement au pouvoir seigneurial.

Des attaques extérieures, justement, Fougères va en connaître de nouvelles au cours du siècle suivant. Un siècle marqué par l'apparition de l'artillerie, une arme nouvelle qui va sensiblement influer sur les techniques de la guerre et, par là même, sur l'architecture militaire.

Attaque surprise d'un mercenaire aragonais

Nous sommes en 1449. La guerre de Cent Ans n'est pas encore terminée. Pour la ville, la période de paix et de prospérité semble loin. Après l'extinction des Lusignan de Fougères sans descendants directs, la baronnie a été confisquée par **Philippe le Bel** en 1307. Après avoir été longtemps propriété des rois de France, elle a été donnée en apanage aux princes d'Alençon avant de revenir sous le giron du duché de Bretagne en 1428. Entre-temps, la situation s'est bien détériorée dans les Marches de Breta-

La porte Notre-Dame, toujours visible près du château, ouvrait l'accès à la cité médiévale. À l'origine, quatre portes permettaient de pénétrer dans la ville. On aperçoit la **tour du Hallay** en arrière-plan. (photo Erik Groult, Heimdal.)

François de Surienne et ses hommes s'emparent de Fougères, par Martial d'Auvergne, enluminure issue de l'ouvrage *Vigiles* de Charles VII, Paris, France, XVe siècle. (photo *Wikimedia Commons.*)

gne, théâtre de plusieurs conflits destructeurs plus ou moins liés à la Guerre de Cent Ans, comme la guerre de Succession de Bretagne (1341-1364. Dans la nuit du 24 au 25 mars 1449, en pleine trêve, **François de Surienne**, mercenaire aragonais à la solde des Anglais, lance une attaque surprise sur la ville. «*En l'espace de quelques instants, plusieurs centaines d'échelleurs parfai- tement entraînés escaladèrent la muraille pendant le sommeil des habitants et s'emparèrent de la forteresse*» raconte René Cintré. Pour la partie de la population qui n'a pas réussi à fuir en se laissant glisser le long des remparts, il va s'ensuivre de longues heures de terreur, marquées par le viol, le pillage et le meurtre.

La prise de Fougère va avoir un fort retentissement, bien au-delà de la Bretagne, et influer sensiblement sur le cours de l'histoire. Devant l'émotion générale suscitée par cette perte dans des conditions aussi dramatiques, **Charles VII** se décide enfin à reprendre les armes contre les Anglais. Après avoir délivré Fougères, les troupes du roi de France commencent ce qu'on a appelé «*la reconquête de la Normandie*», qui s'achèvera le 14 avril 1450 par la bataille de Formigny où les armées françaises remportent une victoire totale. Et trois ans plus tard, après la reconquête de la Guyenne, ce sera la fin de la guerre de Cent Ans.

Comme dans toutes les places fortes à la même époque, les années qui suivent vont voir le château de Fougères bénéficier d'importantes modifications afin de s'adapter au développement d'une artillerie en constante évolution. Pour renforcer la courtine sud-ouest, considérée comme trop vulnérable face à des armées équipées de canons de plus en plus destructeurs, le duc **François II** fait construire deux très puissantes tours conçues pour les besoins de l'artillerie défensive : la tour Raoul et la tour Surienne.

En forme de fer à cheval, comme à Nantes, Clisson ou Dinan, elles sont constituées de murs d'une épaisseur exceptionnelle, sept mètres à la base, et affleurent au niveau de la courtine afin d'accentuer les effets de masse ; elles forment une saillie d'environ quinze mètres sur le rempart. Ces tours abritent cinq étages surmontés d'une tourelle centrale et d'une vaste plate-forme à canons, laquelle est protégée par un parapet formant talus. De plus, de nombreuses casemates sont aménagées dans le ventre de la muraille et débouchent par autant de petites embrasures évasées, signe de modernité, vers l'extérieur.

Ce détail des fortifications permet de remarquer une archère et une archère modifiée pour permettre le passage d'une pièce d'artillerie. (photo Erik Groult, Heimdal.)

[Au premier plan]: la tour Raoul (XVe) et [au second plan]: la tour Mélusine (fin XIIIe ou début XIVe), la plus haute tour du château. Cette dernière a été construite par **Hugues de Lusignan**, devenu propriétaire du château par son mariage en 1253 avec **Jeanne**, fille de **Raoul III**. Elle doit son nom à la fée Mélusine protectrice des Lusignan. Quant à la tour Raoul, elle témoigne de l'évolution de l'architecture militaire au XVe siècle, confrontée à l'artillerie. (photo David Bordes)

Le château pris par l'armée royale en 1488

Mais ces nouvelles fortifications, si modernes soient-elles – et si coûteuses qu'elles vont engendrer sur l'ensemble du duché d'importantes hausses d'impôts -, ne vont pas empêcher le château d'être pris une nouvelle fois. En cette fin de XVe siècle, une nouvelle menace se profile pour le fief des seigneurs de Fougères. Louis XI, qui a régné de 1461 à 1483, n'a eu de cesse d'œuvrer pour le renforcement du royaume. Après la Bourgogne, qu'il a soumise par sa victoire à la bataille

Sceau de François II duc de Bretagne tiré de l'*Histoire de Bretagne* de La Borderie. (Archives municipales, Ville de Fougères.)

Intérieur d'une salle de la tour Mélusine. (photo Hervé Ronné.)

Salle de la tour Surienne. (photo Erik Groult, Heimdal.)

de Nancy en 1477, il s'est employé à soumettre l'autre puissant duché voisin, la Bretagne, sans cette fois recourir aux armes.

Le pas va être franchi après sa mort par son fils et héritier, **Charles VIII**. La tension reprenant de plus belle entre la France et la Bretagne, le nouveau roi lance une armée de quelque quinze mille hommes en direction de la Marche. Après Châteaubriant et Ancenis, enlevées en grande partie grâce à l'efficacité de l'artillerie royale, le lieutenant général **Louis de La Trémoille** se dirige vers Fougères, considérée comme la principale place forte de la « frontière » avec une garnison de deux à trois mille hommes.

Le siège débute le 12 juillet. Il se termine une semaine plus tard, le 19, avec la reddition des défenseurs. Cette fois, il n'y eut pas de massacre. *« Les personnes et les biens furent respectés... et chacun put sortir à sa guise, "vies et bagues sauves"... selon une expression témoignant de cette réalité des faits »* raconte René Cintré.

La guerre de Bretagne n'est pas achevée pour autant. Loin de là... Le 28 juillet de cette même année 1488, l'armée de Charles VIII et l'armée bretonne – cette dernière comptant dans ses rangs de nombreux mercenaires étrangers –, se rencontrent à la hauteur de Saint-Aubin-du-Cormier, à une vingtaine de kilomètres de Fougères.

La tour carrée et la tour Raoul sur le rempart sud. photo Erik Groult, Heimdal.)

Vital pour les occupants du château en cas de siège, le puits présente l'avantage de donner sur une source interne à l'enceinte, ce qui réduit les risques d'empoisonnement. (photo Erik Groult, Heimdal.)

Archère modifiée pour être utilisée aussi en canonnière. (photo Erik Groult, Heimdal.)

Comme sa voisine la tour Surienne, la tour Raoul a été construite au XVe siècle en avant de la courtine et a une forme de fer à cheval qui donne assez de débattement aux archers et arbalétriers. De plus, les cinq étages de canonnières permettent un tir parallèle à la muraille, interdisant aux ennemis tout projet de sape au pied des fortifications. (photo Erik Groult, Heimdal.)

Ce sera un carnage : entre cinq mille à six mille morts pour la seule armée bretonne. Et le début de la fin pour l'indépendance de la Bretagne. Moins d'un mois plus tard, le duc François II se résigne à demander la paix.

L'union de la Bretagne et de la France est scellée, le 6 décembre 1491, par le mariage de la duchesse **Anne de Bretagne** avec **Charles VIII**. C'est le premier pas vers un rattachement définitif qui interviendra en 1532. Et pour le château de Fougères, revenu propriété royale, c'est une autre histoire qui commence avec la fin du Moyen Âge. ■

Trappe d'accès au cachot aménagée dans la tour **Mélusine**. (photo Erik Groult, Heimdal.)

Vue d'ensemble du château et des remparts de la cité médiévale, depuis la ville haute. (photo Dominique Saliou.)

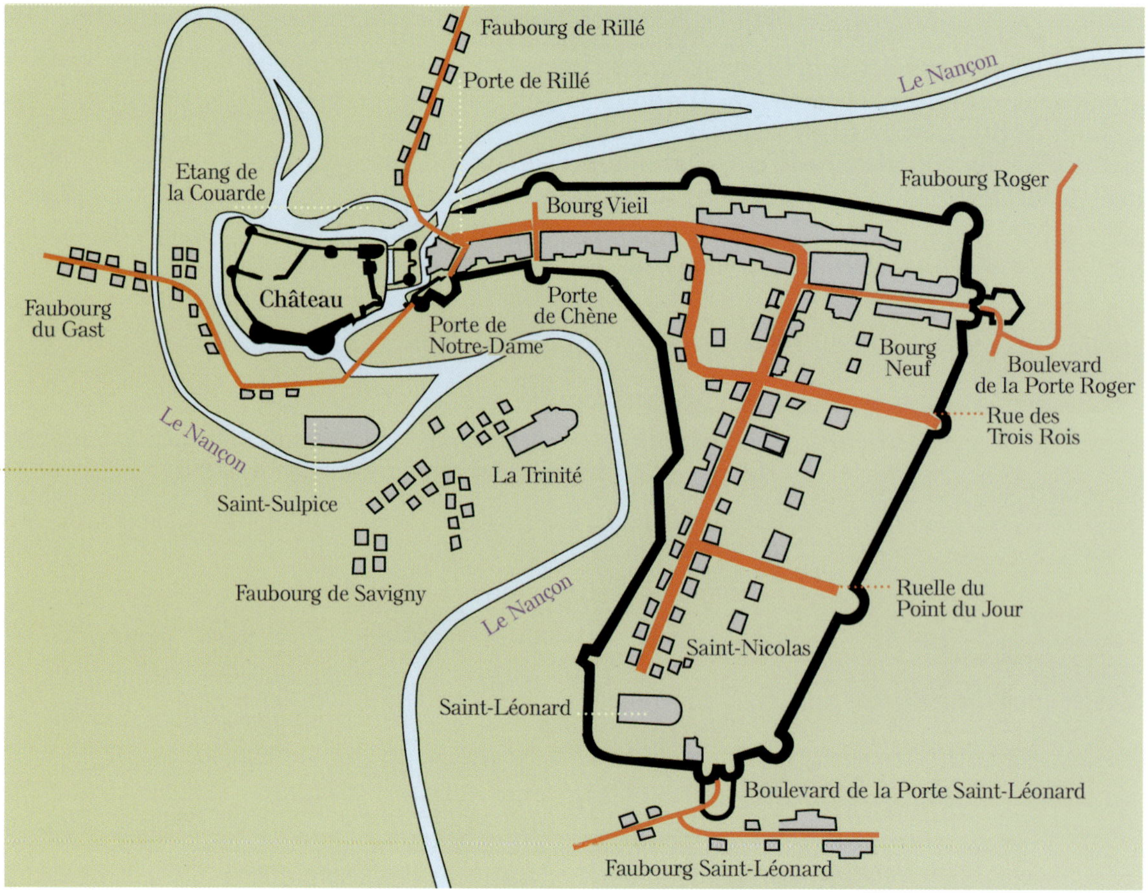

Plan de Fougères au XVIe siècle. On remarque le Bourg Vieil, dans le prolongement du château puis le Bourg Neuf, qui prolongera, sur le plateau, la ville, à l'abri de ses remparts. La rue Bourg Neuf (ici nord-sud, actuelle rue Nationale) aboutit à l'église Saint-Léonard et à l'hôtel de ville, le Beffroi se dressant au centre. (plan Erik Groult, Harald, Heimdal.)

Vue sur la haute ville et le Beffroi depuis la tour Mélusine.
(photo Ville de Fougères.)

La ville haute

Symbole de la richesse des échanges commerciaux avec les régions lointaines, le premier Beffroi de Bretagne a été érigé par les bourgeois de la ville en 1397. Il témoigne de la volonté des bourgeois de se libérer de la tutelle du seigneur et de défendre leurs propres intérêts. Son architecture est inspirée des modèles flamands que les drapiers de Fougères ont découverts lors de leurs voyages en Flandres. (photo Erik Groult, Heimdal.)

Maison en pan de bois dans la vieille ville. Elle abrite aujourd'hui le **musée Emmanuel de la Villéon**, du nom d'un artiste originaire de Fougères. Elle présente un avant-solier, passage couvert qui devait se poursuivre sous des maisons médiévales disparues depuis. (photo Erik Groult, Heimdal.)

En face de l'hôtel de ville, l'Hôtel Le Châtellier date du XVIe siècle. (photo Georges Bernage.)

L'hôtel de ville du XVIe siècle. (photo Georges Bernage.)

Remerciements nos plus vifs pour leur disponibilité et la chaleur de leur accueil à **Evelyne Gautier-Le Bail**, ajointe de la Ville de Fougères à la Culture, au Patrimoine et à l'Economie Ttouristique ; **Evelyne Jambeau**, directrice de la communication ; **Estelle Girault**, responsable du Patrimoine et du Tourisme ; **Carole Cosquer**, animatrice du Patrimoine ; **Marie Colucci**, chargée de communication.

Informations pratiques

ww.chateau-fougeres.com
www.ot-fougeres.fr

Chevet de l'église Saint-Léonard de style gothique. (photo Georges Bernage.)

Vitrail situé dans l'église Saint-Léonard, très remaniée au XIXe siècle, dont les trois premières travées à l'Ouest. (photo Georges Bernage.)

Dinan

Cité médiévale

Sur l'extrémité d'un plateau dominant la Rance, Dinan était, au Moyen Âge, la troisième ville de Bretagne, contrôlant les marches ducales, comme Fougères et Vitré. Ayant conservé la plus grande partie de ses remparts et de nombreuses maisons en pans de bois, elle reste la plus attachante cité médiévale de Bretagne.

par Georges Bernage avec la collaboration de Simon Guinebaud

On ne peut affirmer avec certitude qu'une voie romaine franchissait la Rance à l'emplacement du vieux bourg de Léhon. De la même manière, il n'existe pas de réelle trace d'occupation humaine sur le plateau. La lecture des vies de **Saint-Magloire**, retraçant l'histoire de la fondation de l'abbaye de Léhon, évoque au contraire des territoires déserts.

La situation stratégique du site n'a dû être mise en évidence qu'au XIe siècle, alors que l'émiettement féodal succède à la période carolingienne. Le premier seigneur de Dinan est **Josselin**, fils cadet de Hamon, le puissant **vicomte d'Alet**.

Depuis le jardin public situé au chevet de l'église Saint-Sauveur, nous dominons la vallée de la Rance sur l'ancien rempart du XIIIe siècle. Nous apercevons [sur la gauche], la **Tour Sainte Catherine**, elle aussi du XIIIe siècle, avec ici l'une des deux fenêtres d'observation qui était protégée par un volet de bois alors suspendu à deux potelets que nous distinguons. (Photo Georges Bernage.)

[En médaillon] : le siège du **château des seigneurs de Dinan** en 1065, d'après la Tapisserie de Bayeux. Les Normands tentent d'incendier la palissade de bois entourant, en haut de la motte, le logis avec son toit bombé se terminant par des palmettes sur les pignons tandis que, sur la gauche des chevaliers bretons tentent une sortie alors que, [sur la droite], un autre remet les chefs en signe de reddition. Si le château représenté est identifié comme appartenant au seigneur de Dinan, nous ignorons s'il s'agit de celui de la ville de Dinan ou bien celui, tout proche, de Léhon (avec l'aimable autorisation de la ville de Bayeux.)

Richement possessionné de part et d'autre de la Rance, Hamon s'appuie sur ses fils pour renforcer l'emprise de son lignage. Ainsi, alors que son aîné, **Hamon II**, héritera de la charge vicomtale, son second fils, **Juguenée** sera évêque de Dol et le troisième, **Rivallon**, seigneur de Combourg. Le quatrième, **Josselin**, recevra des terres pour y établir une seigneurie nouvelle, Dinan. L'origine du nom *Dinan* ne peut être non plus établie avec certitude. On y retrouve la racine *dun* qui évoque la colline ou la montagne et qui se retrouve dans d'autres noms de ville comme Châteaudun ainsi que la mention *an* en référence à la déesse celte Anna. Dinan serait donc *La colline d'Anne* . C'est avec l'insécurité croissante à la fin de la période carolingienne, et l'émiettement féodal, que le plateau, favorable, fut choisi pour y établir un établissement fortifié.

Ainsi, Josselin de Dinan s'est établi sur le plateau dominant la Rance, probablement à proximité de l'église Saint-Sauveur, sur ce site exceptionnel, où a été établi un **château à motte**, typique de cette époque, dans la première moitié du XIe siècle, tel que la Tapisserie de Bayeux nous le présente. Josselin apparaît pour la première fois dans une charte que l'on date de l'année 1035. Cinq ans plus tard, en 1040, une autre charte le cite comme témoin. à son nom, est cette fois-ci accolée « de Dinan ». C'est donc entre 1035 et 1040 que naissent la seigneurie et la ville de Dinan. Quelques années plus tard, en 1065, le **duc Guillaume** monte une opération militaire sur les marches de Bretagne. Il prend Rennes d'où s'enfuit **Conan**, duc de Bretagne. La célèbre tapisserie, qui relate l'expédition, figure aussi le siège d'un autre château, appartenant au seigneur de Dinan mais que l'on ne peut identifier avec certitude comme étant celui de la ville de Dinan. On y voit une motte importante sur laquelle se dresse une palissade en bois entourant un logis à la vaste toiture présentant un premier niveau puis un second toit bombé avec lucarnes et palmettes décoratives sur les pignons. Et, alors que les chevaliers normands tentent de mettre le feu à la palissade, les défenseurs font une sortie pour dégager la place et sont contraints de capituler et de donner les clefs de la ville. On suppose que le premier château de Dinan se dressait sur le promontoire triangulaire portant actuellement la sous-préfecture et ses jardins, au nord de l'actuelle église Saint-Sauveur.

Alors que ce document brodé fait entrer dans l'histoire ce premier château de bois, les mentions concernant Dinan sont encore peu nombreuses. La bourgade va s'organiser autour de deux *prieurés* : celui de *Saint-Malo*, actuelle **chapelle Saint Joachim** au nord de l'actuelle **église Saint-Malo**, fondé au milieu du XIe siècle, et celui de la « Madeleine du Pont », fondé entre 1070 et 1090, sur la rive droite de la Rance – probablement à côté du site originel de Dinan. On sait qu'à la même époque **Olivier** obtient des biens en Angleterre de la part du roi **Henri Ier**. Si les seigneurs de Dinan ne participent pas à la conquête de l'Angleterre aux côtés de Guillaume le Conquérant, ils sont en revanche proches de ses fils.

Partie basse, romane, de la façade de l'église Saint-Sauveur, édifiée au début du XIIe siècle, comme le mur sud de la nef, montrant des influences venues du sud de la Loire. C'est l'élément d'architecture médiévale le plus ancien conservé à Dinan. (Photo Georges Bernage.)

Détail de la partie gauche de la façade principale. (Photo Georges Bernage.)

Olivier de Dinan et son épouse auront eux aussi deux fils : **Geoffroy** et **Rivallon le Roux**. Si la légende veux que ce dernier se croise et soit à l'origine de la fondation de l'église Saint-Sauveur, l'historiographie récente vient infirmer cette belle histoire. En effet, loin d'évoquer l'Orient des croisades, le chameau présent sur un des chapiteau de l'Eglise est une des figures de l'art roman évoquant les rois mages. Outre cette tradition, la fondation de cet édifice est suscitée par l'augmentation de la population, son existence étant confirmée par une charte de 1123. Ce premier édifice présente deux façades remontant à cette époque, plus anciens vestiges de l'époque médiévale à Dinan : le bas de la façade occidentale et le côté sud de la nef. Le style de ce bas de la façade occidentale se rattache à celui du sud de la Loire, en particulier au roman poitevin, comme à Civray. Le mur sud nous rappelle que la nef romane n'avait pas de bas-côtés. Sans piliers, elle n'était pas très large, une dizaine de mètres. Ce mur sud est divisé en six travées, rythmées à l'extérieur par des colonnes engagées – ou des pilastres dans la troisième travée. La disposition est analogue à l'intérieur. Ces beaux éléments se rattachent toutefois au troisième tiers du XIIe siècle soit l'époque des fils et petits-fils de Geoffroy de Dinan et de Rivallon le Roux. Une charte de 1131 rappelle que l'église fut donnée à l'abbaye de Saint-Jacut par **Alain de Dinan**, seigneur de Bécherel, fils cadet de Geoffroy, et sera en grande partie reconstruite en style gothique à partir de 1480. Dans le transept nord a été édifié l'émouvant petit monument où a été placé le

Façade sud de l'église Saint-Sauveur remontant au troisième tiers du XIIe siècle, un mur droit sans bas-côtés, rythmé par des colonnes engagées, le premier niveau étant aveugle, simplement décoré d'arcatures retombant sur des culots sculptés. La chapelle gothique a été greffée au XVe siècle sur cette façade. (Photo Georges Bernage.)

Le mur sud à l'intérieur de l'église nous montre, au premier niveau, un mur aveugle avec une succession d'arcatures retombant sur des culots et une alternance, au second niveau, de fenêtres en plein cintre, flanquées de colonnettes et d'arcatures aveugles. Remarquons aussi la chapelle gothique, greffée sur ce mur roman. (Photo Georges Bernage.)

Détail de la façade sud montrant que celle-ci devait être entièrement reconstruite à la fin du XVe siècle et que les travaux ont été interrompus, préservant heureusement un témoignage des parties romanes de l'édifice. (Photo Georges Bernage.)

Le gisant de Rolland de Dinan (?-1186) est conservé dans la dans la basilique Saint-Sauveur. A l'origine, il se trouvait dans l'abbaye de Beaulieu, qu'il avait fondée à Languédias dans la seconde moitié du XIIe siècle. Ce gisant a été déplacé à la Révolution et ramené à Dinan en 1848. Il est daté des années 1230-1240, aurait été commandé par **Gervaise, Dame de Dinan-Bécherel**, petite-nièce et héritière de Rolland. En effet, les armoiries sculptées sur l'écu, *« de gueules losangées d'argent »*, sont celles de Dame Gervaise. Ce gisant ne recherche pas la ressemblance avec le défunt mais nous présente l'équipement d'un chevalier des années 1230-1240, avec haubert de mailles complet, avec moufles, pendantes ici. Nous remarquerons le pommeau de l'épée ainsi que le baudrier. Le surcot descend aux genoux et il porte des éperons.
(Photo Georges Bernage.)

cœur de **Bertrand du Guesclin**. A proximité de la petite chapelle, ajoutée au XVe siècle dans le mur sud de la nef, se trouve l'oratoire, entouré de beaucoup de ferveur, contenant l'image de Notre Dame des Vertus, elle aussi du XVe siècle. L'église sera l'objet de remaniements jusqu'en 1668.

Mais revenons au XIIe siècle. **Geoffroy de Dinan** et son épouse, Ozio (*alias* **Radegonde Orieldis**) auront deux fils, Olivier et Alain. Dinan continue alors de se développer. Geoffroy décède en 1123 et ses deux fils se partagent la ville. Olivier, le fils aîné, reçoit le château et tout le nord de la ville, autour de l'*église Saint-Malo*, jusqu'à la rue du Jerzual, séparant la ville en deux, en se prolongeant par la rue de la Lainerie et la Grand Rue.

La **rue du Jerzual**, en partie haute, et du **Petit-Fort** en partie basse, est établie dans une dépression venant de la vallée de la Rance et du pont, et escaladant la pente jusqu'au plateau où se dresse maintenant la ville haute. Alain tiendra la partie sud de la ville, autour de l'*église Saint-Sauveur*. Ce partage de la ville sera prolongé ultérieurement par les deux paroisses de la ville, Saint-Malo et Saint-Sauveur. Pour l'instant, le lieu de culte de la partie nord se situe à l'emplacement de l'actuelle chapelle Saint-Joachim. L'actuelle église Saint-Malo ne sera construite qu'à la fin du Moyen Âge, en 1488, à l'intérieur des remparts, sur autorisation du **duc François II**. La menace d'une invasion française ayant contraint les Dinannais à démanteler leur église primitive, située en dehors des fortifications. A la même époque, Saint-Sauveur sera en partie reconstruite. Mais, en ce XIIe siècle, Dinan est peut-être déjà entourée d'une enceinte, comme nous le rappelle le géographe arabe **El Drisi**, natif de Ceuta et auteur d'un ouvrage intitulé *Délassements de l'homme désireux de connaître à fond les diverses parties du monde*. Il avait séjourné à la cour des rois normands de Sicile mais l'on ignore s'il voyagea réellement jusqu'en Bretagne. Il décrit la ville à cette époque : «*A Dinan, ville ceinte de murs en*

[Ci-dessus] l'une des plus vieilles tours de l'enceinte, la Tour de Beaufort, semi-circulaire, remontant au XIIIe siècle. Remarquons la fine archère. (Photo Georges Bernage.)

[Ci-dessus à droite] la Porte du Guichet, au sud, ouest la plus ancienne conservée à Dinan, elle remonte au XIIIe siècle. Sans pont-levis, elle ne présente qu'un assomoir en avant de la porte qui dispose aussi d'une rainure pour une herse. Elle drainait la circulation venant du sud, de Léhon mais surtout de Rennes, et a été murée dans les années 1580 lors des importants travaux entrepris par le duc de Mercoeur pour faire du château de Dinan une forteresse, autonome du reste de l'enceinte. Elle est flanquée de deux tours semi-circulaires percées d'archères alternées. (Photo Georges Bernage.)

pierres, commerçante et port d'où l'on expédie de tous côtés les marchandises.» Cette description est précieuse car elle précise l'importance de la cité à cette époque : c'est une ville déjà protégée par des remparts de pierre, bénéficiant d'un port – probablement le site originel – permettant une activité commerciale importante. La rue du Petit-Fort, se prolongeant par la rue du Jerzual, est alors une artère très importante pour drainer ces activités jusqu'au cœur de la ville. Son patrimoine monumental en témoigne encore. El Drisi décrit aussi les pays qu'il a parcourus dans l'est de la Bretagne, de Nantes à Saint-Brieuc, en passant, outre Dinan, par Dol et Saint-Malo : «*Les pays que nous venons de décrire se ressemblent entre eux sous le rapport des productions du sol et de l'état de la population. Les maisons y sont contigues, les ressources de toute espèce, et les céréales abondantes, mais la population y est ignorante, grossière et insouciante. Ces pays étant baignés du couchant par la mer Ténébreuse, il vient continuellement, de ce côté, des brumes, des pluies et le ciel est toujours couvert, particulièrement sur le littoral. Les eaux de cette mer sont épaisses et de couleur sombre, les vagues s'y élèvent d'une manière effrayante, sa profondeur est considérable, l'obscurité y règne continuellement, la navigation y est difficile, les vents impétueux, et du côté de l'Occident les bornes en sont inconnues.»* Cette description, assez sombre, se conçoit mieux de la part d'un géographe habitué au climat de la Sicile...

Olivier II de Dinan fonde aussi l'abbaye de Boquen en 1137 et décède, probablement, en **1156**. Son fils, **Geoffroy II**, lui succède. Ayant épousé **Muriel de Poudouvre**, l'un de leur fils, **Olivier III**, va succéder à son père, en 1179, alors qu'il est encore mineur et n'aura pas de descendance. C'est ainsi que **Roland**, son frère, lui succède à son tour. La partie sud de la ville, ainsi que Léhon et Bécherel, sont entre les mains d'Alain, dont le fils, Roland, se trouve impliqué dans la guerre secouant le duché. Sa nièce, **Gervaise de Dinan**, aura une place importante dans l'histoire des Bords de Rance dans la première moitié du XIIIe siècle. Son petit-fils, **Alain d'Avougour**, vendra en 1264 ses seigneuries bretonnes au duc de Bretagne. Après un long procès auprès du Parlement de Paris, le duc **Jean Ier le Roux** se verra confirmer, en 1283, la pleine propriété de Dinan-sud et de Léhon. La seigneurie de Dinan-nord perdure toutefois jusqu'au milieu du XIVe siècle ou elle finit par disparaître, morcellée dans d'innombrables successions. Pour Dinan, l'entrée dans le domaine ducal marque un tournant.

Dinan cité ducale

Devenue cité ducale, Dinan devient la troisième ville de Bretagne, avec ses trente hectares et près de trois kilomètres de remparts ; ils seront régulièrement renforcés par le pouvoir ducal. La vaste enceinte, en grande partie conservée, présente encore des éléments remontant au XIIIe siècle. C'est en particulier le cas de la **Tour Sainte-Catherine** [plan : n°7], ronde et faisant saillie

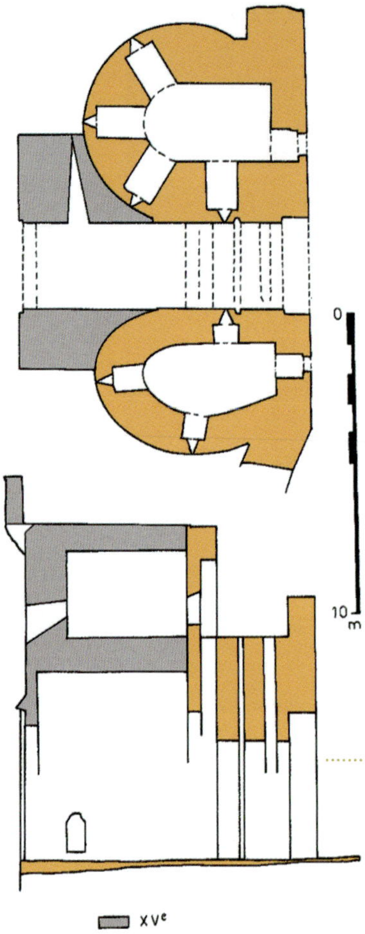

[Ci-dessus] : arrière de la porte Saint-Malo, les parties hautes sont en partie manquantes. (Photo Georges Bernage.)

[Ci-contre] : la porte Saint-Malo date aussi du XIIIe siècle et, comme la Porte du Guichet, elle ne comportait pas de pont-levis et était encadrée de deux tours. Un avant-corps, quadrangulaire, muni d'un pont-levis, fut rajouté en avant au XVe siècle, comme on le voit sur ce plan et cette coupe.

Nous voyons ici, distinctement, les deux étapes de construction de la Porte Saint-Malo avec, [à gauche], l'une des deux tours construites au XIIIe siècle, pour flanquer le châtelet d'entrée, et l'avant-corps quadrangulaire, qui disposait d'un pont-levis, et fut ajouté au XVe siècle. (Photo Georges Bernage.)

à l'est en dominant le cours de la Rance. Remontant à la fin du XIIIe siècle, elle ne contient qu'une salle avec deux fenêtres d'observation protégées par un volet de bois suspendu à deux corbelets. D'autres portions de remparts remontant au XIIIe siècle se voient encore à l'est, dominant la Rance, dans le secteur de la Tour-porte Cardinal [plan : n°8]. C'est aussi la **Tour de Beaufort**, située à l'opposé, à l'ouest [plan : n°16]. Ce sont aussi deux portes. La mieux conservée, dans son aspect du XIIIe siècle, la **Porte du Guichet** [plan : n°19], entrée méridionale de la ville, encadrée de deux tours, et remontant à la fin du XIIIe siècle. Une autre porte de la même époque se trouve à l'autre extrémité, au nord, la **Porte Saint-Malo** [plan : n°11] par où entraient ceux qui venaient de cet évêché du nord de la Bretagne. Mais alors qu'elle est aussi flanquée de deux tours rondes, celles-ci ont été en partie masquées au XVe siècle par un avant-corps carré muni d'un pont-levis [*cf.* la photo, le plan, la coupe].

Le renforcement de l'enceinte a pris toute sa valeur dans le contexte de la Guerre de Succession de Bretagne, au XIVe siècle, et qui va durer vingt-trois ans. Le Duc Jean était mort sans postérité en 1341 et deux partis vont alors se former et

Les arcs surmontant le passage ménagé dans la Porte Saint-Malo avec un assomoir et la rainure pour une herse – on comparera avec la coupe. (Photo Georges Bernage.)

L'arrière de la Tour-porte du Jerzual avec, [sur la droite], la tourelle d'escalier menant à l'étage. La pente est assez raide et, au-delà de la porte, la rue du Jerzual devient la rue du Petit Fort, menant au port sur la Rance. (Photo Georges Bernage.)

Belles arcatures sous la Tour-porte du Jerzual avec succession d'assomoirs et de herses. Un peu plus loin, [sur la gauche], on aperçoit une belle maison en pan de bois en encorbellement. (Photo Georges Bernage.)

La puissante Tour-porte du Jerzual a été édifiée à l'est, au XIVe siècle. Venant de Dol, après avoir traversé la Rance sur le pont attesté dès le XIe siècle. Nous remarquons les rainures pour les flèches du pont-levis qui reposaient sur les corbeaux, de part et d'autre de la porte. Les mâchicoulis sont d'un style typique de la Bretagne. (Photo Georges Bernage.)

s'affronter : celui de **Jeanne de Penthièvre** et de son époux, **Charles de Blois**, et celui de **Jean de Montfort**, époux de **Jeanne de Flandre**.

Selon la coutume de Bretagne, la couronne ducale revenait à Jeanne de Penthièvre. Mais Jean de Montfort, furieux, ne l'accepte pas et s'allie aux Anglais, en espérant ainsi reprendre la couronne ducale. Au milieu de ce conflit, Dinan a choisi son camp, elle est fidèle à Charles de Blois. Il faut alors remanier et renforcer tous les remparts, remontant aussi en grande partie au XIVe siècle, tels que nous les voyons aujourd'hui.

Gisant de Berthelot d'Engoulevent. Il porte une jaque matelassée avec des spalières – pièces de métal protégeant les épaules –, et des jambes d'armure. (Photo Georges Bernage.)

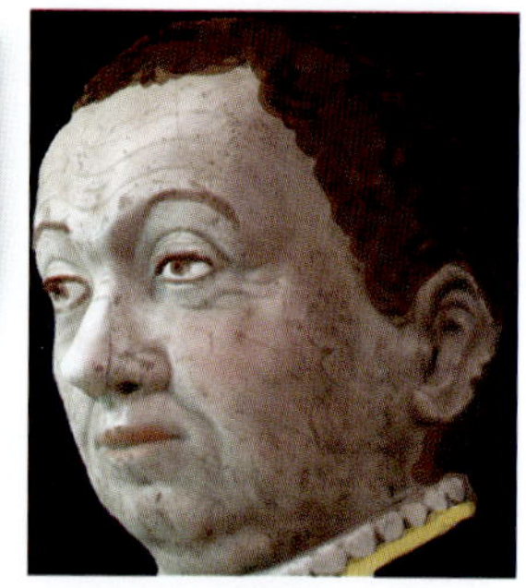

Armes de du Guesclin et, tel qui fut, d'après son gisant.

Pierre tombale, provenant du couvent des Dominicains, sous laquelle reposait le cœur du connétable Bertrand du Guesclin. Depuis 1811, le cœur se trouve dans la basilique Saint-Sauveur et repose dans une urne qui surmonte la pierre tombale. (Photo Georges Bernage.)

Ces mesures sont alors justifiées. La puissante **Tour-porte du Jerzual** est alors édifiée, en haut de la rue Petit Fort, venant du port, ainsi que la **Tour-porte Cardinal**, dominant elle aussi le cours de la Rance, au sud de la Tour Sainte-Catherine. La ville subit, en 1342, un raid mené par le **comte de Salisbury** puis, en 1357, elle est assiégée par le **duc de Lancastre**. C'est alors qu'a lieu le célèbre combat singulier entre **Bertrand du Guesclin** et **Thomas de Canterbury. Typhaine Raguenel**, qui n'est pas encore l'épouse du grand chevalier breton, prédit la victoire de ce dernier qui obtient ainsi la levée du siège. Les Dinannais, reconnaissants, lui feront édifier, quelques siècles plus tard, une statue équestre sur la place qui lui sera consacrée. La guerre se termine en 1364 par la bataille d'Auray où Charles de Blois est tué et du Guesclin fait prisonnier. Vainqueur, Jean de Montfort se présente devant Dinan qui ouvre ses portes mais restera longtemps attachée à la mémoire de Charles de Blois et à la cause de la maison de Penthièvre. Rappelons que le pourpoint de Charles de Blois (comme l'atteste un parchemin cousu à ce vêtement), alors considéré comme saint, fut conservé, comme une relique dans le trésor de l'église Notre-Dame des Carmes d'Angers, avant d'être transféré, après la Révolution, au Musée des Tissus de Lyon.

En 1380, il convient de renforcer l'enceinte du côté du plateau, un second château y est alors édifié. On connaît l'existence du *premier château*, de bois, peut-être celui de la Tapisserie de Bayeux qui aurait été idéalement situé, pour surveiller la vallée de la Rance, sur le promontoire où se trouve l'actuelle sous-préfecture, lieu stratégique, au-dessus de l'actuel pont-viaduc, dans les parages de l'actuelle Tour Sainte-Catherine. Ainsi, en 1380, le **Duc Jean IV de Bretagne** lance la construction d'une tour maîtresse à cheval sur le rempart, au sud-ouest. Ce « château » est conçu sur un plan étonnant : deux tours rondes reliées entre elles par deux murs plans. Une structure similaire se retrouve dans la Tour de Saint-Servan, au nord de Dinan, près de Saint-Malo. Cette structure permet de réaliser une puissante tour résidence. Elle est couronnée d'un chemin de ronde présentant encore de beaux mâchicoulis allongés vers le bas, d'un type assez courant en Bretagne. Cependant, à l'origine, cette tour résidence était recouverte d'une grande toiture d'ardoise qui lui donnait une superbe silhouette et qui fut malheureusement supprimée au XVIIe siècle (des plans de cette époque nous apprennent que la toiture était totalement ruinée et nous en donnent un projet de restitution). Celle-ci lui donnerait une allure encore plus superbe. A l'instar du Château de l'Hermine à Vannes ou du Château des ducs à Nantes, il s'agit bien d'une résidence princière voulue par le duc de Bretagne Jean IV sur le modèle du Château royal de Vincennes.

La tour ducale était précédée d'une cour d'honneur fortifiée et d'un vaste baile – l'ensemble constituant le château – disposition fortement modifiée au XVIe siècle par les troupes de la Ligue. L'accès se faisait par un pont-levis menant à l'étage noble alors qu'on y accède maintenant par un pont de pierre donnant directement dans la chapelle, une ouverture moderne ayant été ménagée là où se trouvait son autel. La cuisine se trouve dans la partie basse, là où un pont-levis à bascule ouvrait vers l'extérieur depuis le sous-sol, permettant de ravitailler les services.

La tour maîtresse du château, est constituée de deux tours rondes reliées par des murs plans, le tout est surmonté d'un chemin de ronde continu avec des mâchicoulis au décor raffiné. Une haute toiture surmontait l'ensemble jusqu'au XVIIe siècle. La tour était ici protégée par un mur, précédant une cour dont il reste un vestige. (Photo Georges Bernage.)

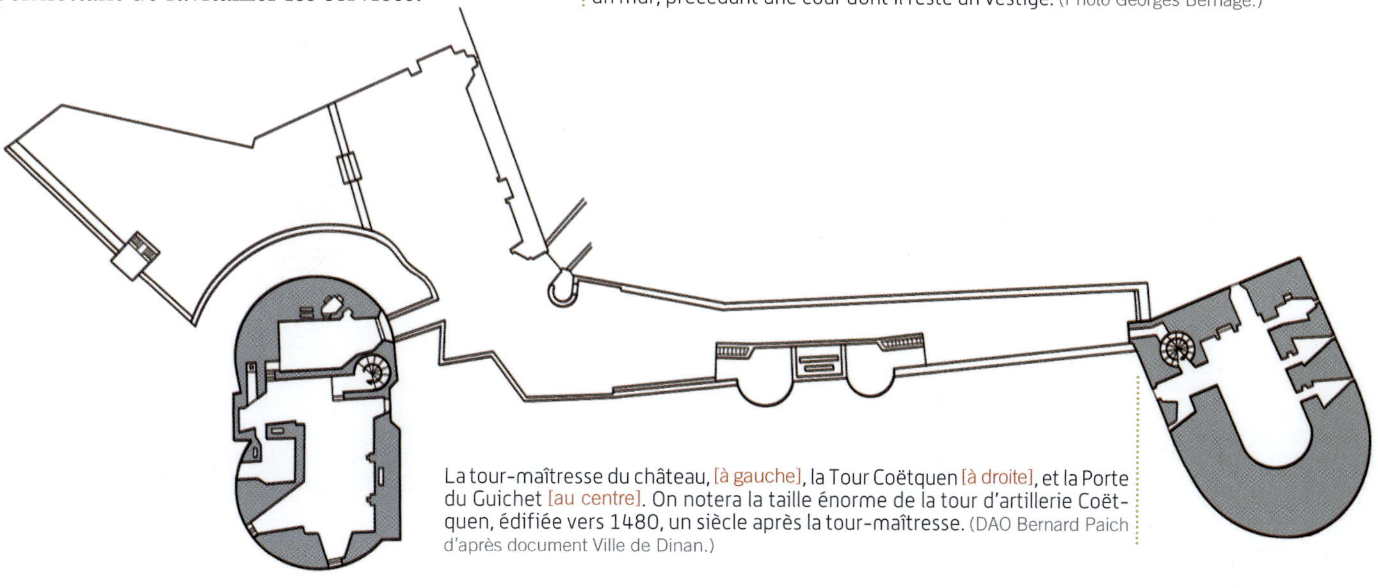

La tour-maîtresse du château, [à gauche], la Tour Coëtquen [à droite], et la Porte du Guichet [au centre]. On notera la taille énorme de la tour d'artillerie Coëtquen, édifiée vers 1480, un siècle après la tour-maîtresse. (DAO Bernard Paich d'après document Ville de Dinan.)

Depuis le rempart, nous sommes ici au-dessus de la Porte du Guichet, nous voyons les trois derniers niveaux de la tour maîtresse du château dont, à droite, la belle baie gothique signalant l'emplacement de la chapelle et le deuxième étage où se trouve la chambre de parement. Remarquons la porte en dessous de cette baie, percée au XVIIIe siècle pour entrer directement par cette chapelle. (Photo Georges Bernage.)

Vers la fin de la Guerre de Cent Ans, en 1449, les Anglais tiennent la Normandie et prennent Fougères, cité de la frontière bretonne [*cf.* MOYEN AGE n°100]. Le Duc de Bretagne donne alors l'ordre à son capitaine de la place de Dinan, **Raoul V de Coëtquen**, de renforcer et moderniser les remparts, car il faut maintenant faire face aux progrès de l'artillerie. De cette époque datent de très puissantes tours d'artillerie saillantes pour battre de leurs feux le pied des remparts. Ce sont la **Tour Coëtquen** [plan : n°20] ; la **Tour Penthièvre** [plan : n°21], qui porte aussi le blason de Coëtquen, sculpté dans la pierre ; la **Tour du Gouverneur** [plan : n°10], au nord-est, entre les portes du Jerzual et la **porte Saint-Malo** – celle-ci étant renforcée par

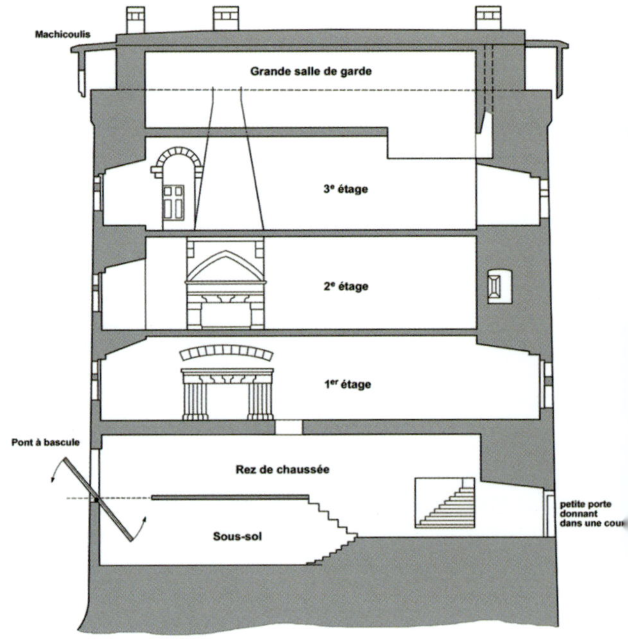

[Ci-contre en haut] : la voûte de l'escalier en vis principal a aussi suscité au maître d'œuvre, Etienne Le Tur, une réalisation de qualité. (Photo Georges Bernage.)

[Ci-contre au milieu] : en haut de l'escalier en vis principal, situé à l'est, nous arrivons au dernier niveau, un escalier droit menant au niveau de défense sommital. (Photo Georges Bernage.)

[Ci-contre en bas] : les divers étages sont desservis par des escaliers à vis. (Photo Georges Bernage.)

Côté nord de la chapelle – la baie gothique et l'entrée moderne sont sur la droite - montrant « l'hagioscope », la jolie pièce privative permettant au duc de Bretagne de suivre l'office religieux avec tout le confort possible ainsi que les marques de son pouvoir. On distingue en effet, par l'ouverture de la porte, le beau siège mural – dont la forme inspirée du siège curul des consuls romains ne doit rien au hasard – et la petite cheminée privative. Mais nous remarquerons surtout la belle ouverture trilobée, à l'exceptionnel décor sculpté, permettant de suivre l'office. (Photo Georges Bernage.)

En rez-de-chaussée se trouve la porte ouverte vers l'extérieur, à l'ouest, qui disposait d'un pont à bascule permettant le ravitaillement des services. (Photo Georges Bernage.)

[Ci-dessus] : au deuxième étage, la salle haute, dispose, côté est (côté ville) d'une vaste cheminée au décor raffiné.

[Ci-contre à droite] : détail du décor sculpté de l'un des jambages de la cheminée de la salle haute. (Photos Georges Bernage.)

Troisième étage.

Chambre de parement au 2e étage.

La cuisine se trouve au sous-sol, avec sa vaste cheminée et, à gauche, les armoiries murales où la vaisselle était entreprosée. (Photo Georges Bernage.)

un avant-corps, comme nous l'avons vu ; la **Tour Beaumanoir** [plan : n°12], au nord ; la **Tour Lesquen** [plan : n°13], elle aussi au nord, comme la **Tour Saint-Julien** [plan : n°14]. Celle-ci est ronde, à la différence des autres, présentant une imposante saillie, car elle protège l'angle nord-ouest de

Ce front méridional de l'enceinte de Dinan est un bon exemple de l'évolution de la fortification médiévale. L'un des plus anciens exemples se trouve au centre, avec la Porte du Guichet, remontant au XIIIe siècle, avec une porte sans pont-levis, simplement flanquée de tours semi-circulaires. [A gauche] : se dresse la puissante tour-maîtresse du château, remontant à la fin du XIVe siècle, édifiée à partir de 1380. Enfin, postérieure d'un siècle, la puissante Tour de Coëtquen, [sur la droite], construite vers 1480. (Photo Georges Bernage.)

[Ci-dessus à gauche] : la Tour Beaumanoir [au nord, plan : n°12], dépourvue de toiture pour laisser échapper la fumée des tirs de couleuvrines, est en fait une immense salle d'artillerie avec des murs de huit mètres d'épaisseur dans lesquels sont ménagées les embrasures pour couleuvrines, que nous apercevons ici. (Photo Georges Bernage.) [Ci-dessus à droite] : sur ce détail montrant la Tour Beaumanoir, à gauche, on aperçoit la fausse-braie, sorte de couloir muni de meurtrières courant à la base de la courtine. (Photos Georges Bernage.)

la cité. A l'ouest, la **Porte de Brest** est reconstruite entre deux tours rondes très puissantes. Enfin, à l'ouest, la **Tour du Connétable** [plan : n°17], est elle aussi une tour d'artillerie en forte saillie. Les travaux sont menés en continu, de 1476 à 1487, afin de renforcer cette place si importante pour le duché. Les habitants de Dinan et *« les paroissiens de Trédias, Yveignac, Caune, Phudihan, etc. »* participent aux travaux ; la cité doit devenir imprenable. La plus puissante tour des remparts est alors la **Tour Beaumanoir** [plan : n°12 au nord], avec des murs en granit de huit mètres d'épaisseur ! Dépourvue de toiture, c'est en fait une immense saillie de la courtine dans laquelle sont aménagées des embrasures pour des couleuvrines. Le pied des remparts est alors renforcé par une contre-escarpe et une fausse-braie (sorte de couloir muni de meurtrières courant à la base des murs), de la Porte de Brest à la Porte de Saint-Malo. La fausse-braie subsiste près de La Tour Beaumanoir, et près de la Tour Lesquen [plan : n°13]. La contre-escarpe est un talus de terre remparant le pied de la cour-

Depuis la Tour-porte du Jerzual, en regardant vers le nord, on aperçoit la puissante Tour du Gouverneur [plan : n°12], édifiée entre 1476 et 1484, avec ses embrasures pour couleuvrines. (Photo Georges Bernage.)

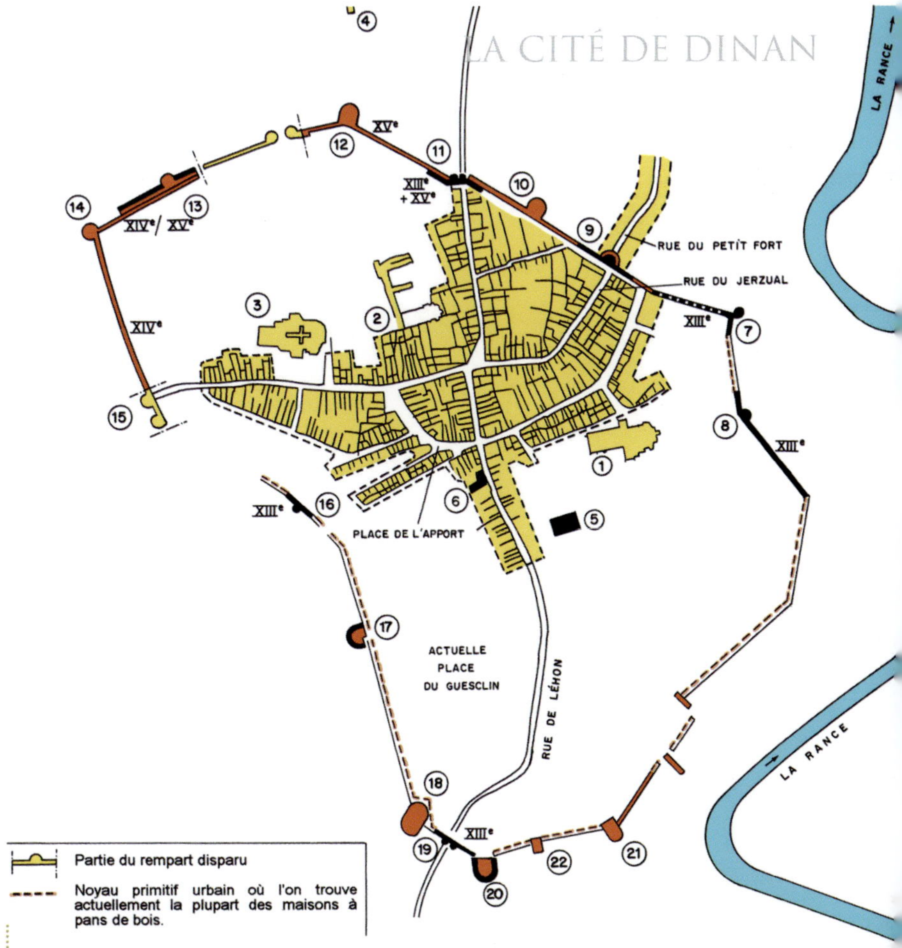

Dinan, cité médiévale

[1] Eglise Saint-Sauveur [2] Couvent des Cordeliers [3] Eglise Saint-Malo (construite à partir de 1488), et chapelle Saint-Joachim (ancienne église Saint-Malo) [5] Vestiges du couvent des Jacobins (actuel théâtre) [6] Beffroi de la Tour de l'horloge [7] Tour Sainte-Catherine (XIIIe siècle) [8] Tour Cardinal (tour-porte, XIVe siècle) [9] Tour-porte du Jerzual (XIVe siècle) [10] Tour du Gouverneur (XVe siècle) [11] Porte Saint-Malo (XIIIe et XVe siècle) [12] Tour Beaumanoir (XVe siècle) [13] Tour Lesquen (XVe siècle) [14] Tour Saint-Julien (XVe siècle) [15] Emplacement de la Porte de Brest [16] Tour Beaufort (XIIIe siècle) [17] Tour du Connétable (XVe siècle) [18] Château (XIVe siècle) [19] Porte du Guichet (XIIIe siècle) [20] Tour Coëtquen (XVe siècle) [21] Tour Penthièvre (XVe siècle) [22] Porte Saint-Louis (1620). (Plan Moyen-Âge.)

La Tour Penthièvre [plan : n°21], tour d'artillerie des années 1470, depuis le pont de la Porte Saint-Louis. (Photo Georges Bernage.)

tine, reliant, par l'ouest, le château à la Porte Saint-Malo, du côté du plateau où la courtine peut être exposée aux tirs de l'artillerie. La visite de la Tour Coëtquen – liée à celle du château – permet d'avoir un aperçu de l'épaisseur des murs de ces tours d'artillerie.

Ainsi, avec la plus grande partie de ses remparts conservés, Dinan offre un panorama de l'évolution des enceintes de cités médiévales tout à fait exceptionnel. Depuis l'évocation du château du XIe siècle, de terre et de bois, nous passons à l'enceinte du **XIIIe siècle**, avec ses tours rondes et ses portes encadrées de tours rondes et aux puissantes tours-portes du **XIVe siècle**, à un château de la fin de ce siècle puis aux puissantes tours d'artillerie du dernier tiers du **XVe siècle**, étape finale du Moyen Âge avant les fortifications à bastions des XVIe et XVIIe siècle – un beau musée à ciel ouvert de la fortification médiévale !

L'église Saint-Malo est reconstruite, en 1488, à l'intérieur des remparts, ainsi que nous l'avons déjà évoqué. Cette année marque aussi le glas de l'indépendance de la Bretagne et du rôle de Dinan. Le 28 juillet 1488, l'armée bretonne du **Duc François II** – le père d'Anne de Bretagne – affronte l'armée du Roi de France dans la lande de Saint-Aubin-du-Cormier ; cinq à six cents Bretons sont tués, les autres sont mis en déroute. A Dinan, il ne reste que trente chevaliers de la région et une milice d'arbalétriers ; la place capitule le 8 août 1488 et François II signe le traité du Verger le 19 août. La mort l'emporte trois semaines plus tard ; il décède le 9 septembre. La jeune Anne de Bretagne doit alors succéder à son père.

Le chevet de l'église Saint-Malo, de style gothique, a été édifié à partir de 1488. (Photo Georges Bernage.)

[Ci-contre] : cette vue de l'intérieur de l'église Saint-Sauveur montre l'évolution de style entre le mur roman à droite, typique du dernier tiers du XIIe siècle, et le mur de gauche de la nef, avec son bas-côté, typique de la fin du XVe siècle, ainsi que le chœur de style gothique final. (Photo Georges Bernage.)

[Ci-dessus] : la Place des Cordeliers depuis la Place des Merciers. On aperçoit dans le fond le porche monumental de l'ancien couvent des Cordeliers édifié par les Franciscains (ou Cordeliers) dans la seconde moitié du XIVe siècle. Installés à Dinan entre 1247 et 1249, après la cession, en 1241, par **Alain d'Avaugour**, d'un terrain, les frères ne sont qu'une dizaine à l'origine. Puis le couvent se renforce. Les Franciscains réalisent alors d'importants travaux à la fin du XIVe siècle et au siècle suivant. Ce porche est orné de pilastres et coiffé de cordelières. Une galerie de niches à statues, disparues, couronne l'ensemble. Outre ce porche, subsiste de l'ancien couvent, transformé en collège en 1807, une belle galerie de cloître. La salle capitulaire qui le bordait a abrité les Etats de Bretagne. On notera, là encore, les larges porches bordant cette Place des Cordeliers. (Photo Georges Bernage.)

[Ci-contre] : en plein cœur de la ville, la Place des Merciers est encadrée par de nombreuses maisons en pan de bois des XVe, à droite, et XVIe siècles. Celles-ci, au débouché de la rue de l'Apport, ont conservé leurs passages couverts, leurs porches. (Photo Georges Bernage.)

En arrivant au carrefour de la rue de l'Apport, avec la rue de l'Horloge, à gauche, dominée par la Tour de l'Horloge, et la Place des Merciers, qu'on devine sur la droite, entre les porches, de belles maisons du XVe siècle, restaurées. Un bon conseil pour prendre des photos mettant en valeur l'architecture : le samedi de bonne heure, après une nuit passée dans un bon hôtel de Dinan... (Photo Georges Bernage.)

Cette arcade gothique, dans la rue de la Poissonnerie, à proximité du carrefour de la rue de l'Apport, rappelle qu'ici, en 1368, un couple de bourgeois de Dinan a fait don d'une maison et d'un enclos dans cette rue afin d'y installer une hostellerie accueillant les pèlerins et les voyageurs pauvres. Elle fut, rapidement, érigée en un prieuré confié aux frères Trinitaires qui se consacraient au rachat des chrétiens réduits en esclavage en terre d'Islam. Une chapelle est construite sur autorisation du Duc Jean IV ; cette porte d'entrée en ogive, flanquée d'une fine colonne, et un bénitier, en sont les vestiges. Rue de la Lainerie - dont on aperçoit le débouché sur la droite - on devine encore l'emplacement d'un enfeu et un linteau de pierre avec une inscription et la croix des Trinitaires, vestiges du prieuré. (Photo Georges Bernage.)

Un patrimoine médiéval

Le rôle militaire de Dinan, qui défendait autrefois la marche de Bretagne face au royaume de France, perd de son importance. La place ne sera remise en activité qu'un siècle plus tard, lorsque le **Duc de Mercœur** obtient, en 1585, la cité comme place forte pour la Ligue. Il la renforcera jusqu'en février 1598, Dinan étant tombée suite à une conspiration. Et, alors que la **Porte du Guichet**, intégrée au château, n'était plus utilisable, on perce une nouvelle porte, au sud, pour ouvrir l'accès de la route venant de Lehon ; ce sera la **Porte Saint-Louis** [plan : n°22], édifice carré encore de style médiéval, avec ses mâchicoulis, construit en 1620 ; elle a été nommée ainsi pour rendre hommage au roi **Louis XIII**.

Superbe escalier en bois en colimaçon à l'intérieur de la Maison de la Mère Pourcel. Cette belle disposition, l'escalier étant surmonté d'une vaste cage d'escalier quadrangulaire, rappelle celle qu'on trouve dans certaines maisons médiévales de Morlaix. (Photo Georges Bernage.)

La Maison de la Mère Pourcel est le plus bel édifice du XVe siècle à Dinan, avec la **Maison du Gouverneur**. Elle se dresse Place des Merciers, y contribuant à son caractère médiéval. C'est actuellement un restaurant de qualité, fondé en 1927 par Alfred et Virginie Pourcel. (Photo Georges Bernage.)

Détail du poteau d'angle sculpté et peint de la Maison de la Mère Pourcel, à l'angle de la rue de la Chaux, [à gauche], et de la Place des Merciers. (Photo Georges Bernage.)

[Ci-dessus] : détail de la façade, à double encorbellement, de la Maison de la Mère Pourcel, donnant sur la Rue de la Chaux. (Photo Georges Bernage.)

Jusqu'au XVIIIe siècle, Dinan a conservé intacte sa ceinture de remparts. Une tourelle et la **Tour du Bois Harouard** avaient été détruites entre 1781 et 1783 pour ouvrir le Grande Chemin (actuelle rue du Général-de-Gaulle). La **Tour de la rue Neuve** (actuelle rue de la Garaye, au nord) est détruite en 1807. Enfin, en 1881, la puissante **Porte de Brest** est rasée. Cette destruction soulève beaucoup d'émotion et, le 12 juillet 1886, la totalité des remparts est classée « Monument Historique ». En 1981, rongée par le lierre, la **Tour Longue**, proche de la Tour Penthièvre, s'effondre dans la vallée. Cependant, peu après, les portes Saint-Malo et du Jerzual sont restaurées. Enfin, récemment, un morceau de rempart s'étant effondré, il a été restauré par la ville.

Pastiche médiéval sur la Place des Merciers, en face de la Maison de la Mère Pourcel. (Photo Georges Bernage.)

[Ci-dessus] : au débouché de la rue de la Chaux, avant d'arriver Place des Merciers, grâce aux encorbellements de la Maison de la Mère Pourcel, [à gauche], sa toiture rejoint celle de la maison du côté droit, présentant aussi deux encorbellements, image typique des villes médiévales à la fin du XVe siècle... (Photo Georges Bernage.)

[Ci-contre] : autre détail, au niveau de cette rue de la Chaux. (Photo Georges Bernage.)

La Maison du Gouverneur

L'une des maisons élevées au XVe siècle, et admirablement restaurée. Elle se dresse rue du Petit-Fort, au n°24. Elle se compose de deux corps de bâtiments, perpendiculaires, celui en retour est en partie basse. Comme la Maison de la Mère Pourcel, elle présente trois côtés en pan de bois. Le bâtiment se répartit sur quatre niveaux. Le rez-de-chaussée comprend trois pièces : une cuisine, une boutique et un grand entrepôt. Chaque salle présente une cheminée de granit. On trouve aussi des éviers, vaisseliers, placards muraux mais aussi un ingénieux système de latrines, accessible à chaque étage. Tous ces aménagements ont permis d'établir que cette maison devait être un immeuble de rapport loué en appartements. (Photo Georges Bernage.)

Belle maison en encorbellement en face de la Maison du Gouverneur, établie entre deux puissants murs pignon avec un important encorbellement. Celui de droite montre les traces d'une maison disparue. (Photo Georges Bernage.)

[Ci-contre] : cette Maison du Gouverneur, avec son double encorbellement – saillie de la façade à chaque niveau – borde la rue du Petit-Fort qui descend vers le port. (Photo Georges Bernage.)

Partie basse de la Maison du Gouverneur montrant le décor très soigné de ce premier niveau. L'encorbellement est profond avec des fermes (poutres verticales portant l'étage) moulurées, s'appuyant sur les sommiers, dont les extrémités portent sur des pigeâtres rapportées en façade avec un joli décor sculpté. Entre les sommiers, beau décor de soles, moulurées elles aussi. (Photo Georges Bernage.)

[1] Le beffroi, avec son beau porche gothique, remonte à la fin du XVe siècle. (Photo Georges Bernage.)

[2] Au bas de la rue du Petit-Fort, au n°80, en arrivant au port, belle maison gothique avec des soles d'encorbellement joliment travaillées. (Photo Georges Bernage.)

[3] Un peu plus haut, en remontant, en ayant franchi la Tour porte du Jerzual, jolie maison de style gothique, 50 rue du Jerzual, la maison du Gouverneur est un peu plus bas. (Photo Georges Bernage.)

[5]

[6]

[4 et 5] Belles maisons en pan de bois, avec de forts encorbellements, en haut de la rue du Jerzual, en arrivant à la Rue de l'Apport. (Photo Georges Bernage.)

[6] La Porte de Brest était la plus puissante porte ouverte dans les remparts au nord-ouest de la ville avec ses deux grosses tours rondes, son pont-levis à deux flèches pour les véhicules et à une flèche pour les piétons. Elle fut détruite en 1881 ; cette destruction suscita un tel émoi que les remparts furent classés « Monuments Historiques » le 12 juillet 1886. Les parties basses de la tour nord subsistent toutefois. Cette reconstitution se base sur une peinture du XIXe siècle et autres documents. (Erik Groult/Moyen Âge.)

[7]

[7] La Porte Saint-Louis [plan : n°22], malgré son aspect médiéval, inspiré de celui de la Porte Saint-Malo, elle remonte seulement à l'époque de Louis XIII et a été édifiée en 1620 pour désenclaver la route du sud après la condamnation de la Porte du Guichet. (Photo Georges Bernage.)

[8] Belle maison gothique de la rue de la Larderie, à l'angle de la rue de l'Apport. (Photo Georges Bernage.)

[9] Maison de la rue de la Poissonnerie avec de très forts encorbellements, encore dans l'esprit des maisons du XIVe siècle. (Photo Georges Bernage.)

[9]

[8]

Aujourd'hui, les remparts de Dinan sont parmi les mieux conservés de France, et sont exceptionnels pour l'histoire de l'architecture militaire médiévale, ainsi que nous l'avons souligné. Mais la ville, dans ses murs, et hors de ses murs, présente aussi un important patrimoine médiéval. Ce sont ses églises Saint-Sauveur et Saint-Malo, en grande partie médiévales. Ce sont aussi les vestiges de deux couvents, les Cordeliers et les Jacobins, la Tour de l'Horloge, mais ce sont aussi de très nombreuses maisons en pan de bois qui donnent à cette cité son exceptionnel caractère de cité médiévale. ∎

Remerciements à Simon Guinebaud, Aminateur de l'Architecture et du Patrimoine, chef du Patrimoine de la Ville de Dinan, pour ses conseils, corrections et contributions.

L'auteur remercie vivement Loïc-René Vilbert, bibliothécaire de la ville de Dinan pour ses conseils et renseignements. ∎

Depuis 2014, la Ville de Dinan porte un ambitieux projet de mise en valeur de son Château. Ce remarquable témoignage de l'architecture princière de la fin du XIVe siècle a en effet fait récemment l'objet d'études historiques qui permettent désormais de mieux le comprendre. Aussi, d'importants travaux de restauration et une nouvelle scénographie sont programmés pour 2018 et 2019. Deux thématiques y seront développées autour de la période 1380-1480 : l'art de la guerre et la vie quotidienne dans une résidence princière. ∎

Simon Guinebaud

[Ci-dessus] :depuis la rue du Jerzual, bel ensemble de maisons en pan de bois, de la rue du Coignet, avec, dans le fond, l'église Saint-Sauveur. (Photo Georges Bernage.)

[Ci-contre] : très belle porte gothique, vestige de la chapelle du manoir de Notre-Dame de Fontebon, provenant de Saint-André des Eaux à quelques kilomètres de Dinan et remontée dans les années en 1939 à proximité de la rue de l'Horloge. (Photo Georges Bernage.)

[Ci-dessous] : beau décor sculpté des fermes, de la maison gothique au bas de la rue du Petit-Fort. Cette maison faisant l'angle face à la Rance. (Photo Georges Bernage.)

La tour-maîtresse du château et le pont de pierre, la reliant à la ville après les modifications opérées par le **duc de Mercœur**. (Photo Georges Bernage.)

Vue perspective sur les remparts avec, [au premier plan] :, le haut de la Porte du Jerzual (XIVe siècle), puis la Tour du Gouverneur de la fin du XVe siècle. (Photo Georges Bernage.)

Informations pratiques

Dinan, ville d'Art et d'Histoire

Hôtel de Ville - Service Patrimoine
21 rue du Marchix 22100 Dinan
Tél. 02 96 85 58 73 21
http://www.dinan.fr/35/ville-art-histoire

A visiter

Le Château de Dinan

Ouvert tous les jours du 1er avril au 31 décembre
Avril, octobre, novembre, décembre : 13h30-18h30
Mai, juin, juillet, août, septembre : 10h30-19h
Tél. 02 96 39 45 20

La Tour de l'Horloge

Ouvert tous les jours du 1er avril au 30 septembre
Avril, mai : 14h-18h30
Juin, juillet, août, septembre : 10h-18h30
Tél. 02 96 87 02 26

Bibliographie indicative

- Gesret, 1996, *Les remparts de Dinan.*
- Guinebaud, 2013, *Laissez-vous conter Dinan.*
- Meazey, 1997, *Dinan au temps des seigneurs.*
- Mesqui, 2017, *"Les châteaux et la ville forte de Dinan" in Le Beau Moyen Âge.*
- Monnier, 1968, *Dinan, mille ans d'histoire.*
- Vilbert (dir.), 1986, *Dinan au Moyen Age.*

Bibliographie

Histoire de la Bretagne médiévale

- Gesret, 1996, *Les remparts de Dinan*.
- B. d'Argentré, *L'Histoire de Bretaigne des Roys, ducs, comtes et princes d'icelle*, Rennes, 1582.
- A. Bouchart, *Grandes croniques de Bretaigne*, 1514.
- A. La Borderie, *Recueil d'actes inédits des ducs et princes de Bretagne (XIe-XIIIe siècle)*, Rennes, 1888.
- Philippe Tourault, *Les ducs et duchesses de Bretagne*, Perrin, Paris, 2009.

Vitré

- J. Mesqui, *"Vitré"*, in *Châteaux forts et fortifications en France*, Flammarion, Paris, 1997, pp.411-413.
- A. Mussat, *"Le château de Vitré et l'architecture des châteaux bretons du XIVe au XVIe siècle"*, in *Bulletin monumental*, 1975, pp.131-164.

Dinan

- R. Cornon, *"Dinan architecture militaire et civile"*, *Congrès archéologique de France*, 1950, pp.172-189.
- R. Cornon, *"L'enceinte de Dinan"* in *Congrés archéologique de France*, 1949.
- Simon Guinebaud, *Laissez-vous conter Dinan*, 2013.
- P. Meazey, *Dinan au temps des seigneurs*, Editions de la Plomée, Guingamp, 1997.
- M.E. Monnier, *Dinan, mille ans d'histoire*, J. Floch, Mayenne, 1977.
- Jean Mesqui, *"Les châteaux et la ville forte de Dinan"*, in *Le Beau Moyen Âge*.
- L.R. Vilbet, *Les remparts de Dinan,* Société des Amis du Musée et de la Bibliothèque de Dinan, Manoir de Ferron, 1983.

Fougères

- Christophe Amiot, *"Nouvelles observations sur le logis du château de Fougères en Bretagne"*, in *Actes du Congrès d'Auray*, 2000.
- Ch. H. Besnard, *"Le château de Fougères"* in *Bulletin monumental*, 1912, pp.1-21.
- René Cintré, *Les Très grandes Heures du Pays de Fougères au Moyen Âge*, Pornichet, 1994.
- G. Guillot, *Notice sur le château de Fougères*, Fougères, s.d.
- J. Cucarull, *"Le logis du château de Fougères (XIe-XVIIIe siècle), Essai d'analyse archéologique"* in *Les Dossiers du Centre de recherches archéologiques de l'Armorique*, t. 18, 1990, pp.67-86.
- Gillot (coll.), *"Les fortifications de Fougères"*, in *Bulletins et Mémoires de la Société archéologique de l'Arrondissement de Fougères*, t.7, 1963.
- Vicomte Le Bouteiller, *Notes sur l'histoire de la ville et du pays de Fougères* (4 volumes), Rennes, Librairie générale J. Plihon et L. Hommay, 1912.

Achevé d'imprimer en juillet 2018
sur les presses de l'Imprimerie Pulsio (Union Européenne)
pour le compte des Editions Heimdal, Georges Bernage, éditeur